An n dekouvri Legliz Nazareyen

Yon gid pou nouvo manm Legliz Nazareyen yo

Editions Foi et Sainteté
Lenexa, Kansas (Etats-Unis)

Editions Foi et Sainteté
17001 Prairie View Parkway
Lenexa, Kansas 66220 Etats-Unis

> Welcome to the Church of the Nazarene
> Copyright © 1988
> Published by Beacon Hill Press of Kansas City
> a Division of Nazarene Publishing House
> Kansas City, Missouri 64109 USA
>
> This edition published by arrangement
> with Nazarene Publishing House
> All rights reserved

Tradwi pa Pierre Wallière

ISBN 978-1-56344-470-8

DIGITAL PRINTING
12/08

PREMYE KOZE

Se yon plezi pou mwen rekòmande nou liv sa a pou yo fè fòmasyon pou tout kretyen ki nan wout pou yo vin nouvo manm legliz sa a. Se yon liv ki respekte prensip yo nan sa ki gen awè ak Bib ansanm ak tewoloji. Li pratik anpil, epi li fasil. Konsa menm lè yon moun ta manm Legliz Nazareyen depi lontan ap jwenn anpil pou yo tire nan liv sa a, e menm lè tou yon moun poko genyen anpil konesans sou legliz nou an, liv sa a ekri pou ou.

Liv sa gen yon pati ki konsène istwa Legliz Nazareyen an. Verite biblik sa a ki se : « Viv apa pou Bondye ki apa a » se sou li mesaj revèy sa a te chita. Se menm verite sa a John Wesley te deja reprann epi devlope pou legliz la : « yon moun ki nan peche ki mete konfyans li nan Jezikri kapab delivre anba kondanasyon ak pouvwa peche ». Sa ki pi rèd la moun ki kwè yo kapab pa mwayen lafwa lave wete tout salte peche ki rete nan kè yo epi rampli ak lanmou pafè Bondye a. Se depi aprè revèy sa a Legliz Nazareyen te vin egziste anba lobedyans ministè Phineas Bresee t ap fè pou Bondye nan lavil Los Angeles, nan lane 1895.

Te gen yon pawòl pastè Bresee te renmen di : « travay pou nou fè glwa Bondye desann sou tè a ». Laglwa te make epi distenge lavi premye kretyen Legliz Nazareyen yo rive kenbe « Pouvwa Bondye sa a » yo tout te blije gen konfyans nan Bondye menm jan. Yo tout te blije gen menm lespri ki anime yo. Yo tou te blije viv menm jan. An reyalite menm jan sa nou deja ekri yo montre sa a, lavi n ap viv nan Kris la ap chache rive nan renmen ki bon nèt la. « renmen ki bon nèt la » se espresyon John Wesley te pi prefere itilize chak fwa li te gen pou li pale sou jan yon kè dwe konsakre apa pou Bondye, epi viv lavi ki nan Kris la tout bon vre. Men n a sonje pawòl Bondye a anseye nan Efezyen 4.3, nou dwe bat pou nou toujou fè yon sèl ak Sentespri si nou vle viv nan renmen ki bon nèt la. Si nou deside fè yon sèl ak sentespri tout bon vre, tout manm legliz la sipoze tonbe dakò ak doktrin kle yo epi yo dwe pran angajman pou yo tout viv menm jan, yon jan ki pwoklame Kris gen otorite. Se sa ki vle di « fè yon sèl ak Sentespri a ».

Legliz Kris la gen yon lavi manm yo ap viv ansanm ki pa posib pou yo ta viv li lòt jan pase sa. Nan Nouvo Testaman mo ki tradwi espresyon « viv ansanm » se *koynonya* ki gen sans yon sèl lespri, yon sèl kè, mete lespri oswa kè nou ansanm. Konsa, nou dwe viv kòm si nou te gen yon sèl lespri ak yon sèl kè, si nou vle byen konprann lavi sa a n ap viv ansanm nan.

M ap priye pou nou pandan m ap swete pou nou menm k ap swiv kou sa a ta rive gen konviksyon Legliz Nazareyen ki se yon pati nan gran kò Kris la nou vle vin manm ladan epi se li menm nou vle bay sipò ak kolabarasyon nou.

—*William M.GREATHOUSE*
Sirintandan General (ement)

CHAPIT 1

PREZANTASYON LEGLIZ NAZAREYEN

N ap di w byenvini nan Legliz Nazareyen. Gen anpil rezon ki fè w ap pran kou sa a : Petèt ou ta renmen vin manm legliz la, petèt ou ta renmen konnen legliz la pi plis toujou anvan pou w antre mache legliz la. Kèlkeswa sa w ap tann nan liv sa a, Nou mande Bondye pou li satisfè swaf ak esperans ou.

Gran liy nou gen pou nou etidye nan liv sa a.

Nou gen 5 domèn sa yo nou pral analize nan liv sa a ansanm

Nan etid sa, nou egzaminen 5 domèn ansanm :

1. Kote nou soti. Nan pati sa a, nou ap fè yon pase rapid sou jan legliz la te fonde ak jan li rive devlope pou li vin sa li ye a.

Nou ka di :

- Se revèy ki te fè Legliz Nazareyen egziste.
- Se nan tètatèt ak men nan men Legliz Nazareyen pran nesans.
- Legliz Nazareyen kòmanse depi nan fon kè kretyen ki angaje.
- Se Sentespri Bondye a ki fè Legliz Nazareyen egziste.

2. Sa nou kwè. Lè n ap fè yon kout je sou sa nou kwè sou doktrin legliz la, epi sou ansèyman ki sèvi fondasyon pou Legliz nou an tankou :

- Pratike konfyans nou mete nan Kris la nan lavi nou.
- Viv yon lavi ki pa demake ki sa nou kwè.
- Wòl doctrin legliz la jwe nan lavi nou.

3. Jan nou òganize epi jere legliz. Nou fè yon ranmase sou lidè yo, sou zafè lajan (finans), epi sou divès ministè ki nan legliz la. Ki donk nou va pale sou :

- Oganizasyon lidèchip la
- Oganizasyon finans lan
- Oganizasyon ministè yo

4. Jan nou viv lavi ki nan Kris la. W ap rive konprann ki jan nou menm kretyen Nazareyen viv ak disiplin lavi ki nan Kris la genyen ansanm ak nan yon fòm ki pozitif epi ki fèt nan renmen ki nan Bondye a. Sa debouche sou reyalite sa yo.

- Nou bati lavi nou sou bon fondasyon an.
- Nou pa wè disiplin tankou yon bagay ki mal nan li menm, men nou chache viv li avèk yon atitid ki pozitif.
- Nou devlope epi swiv konpòtman ak abitid ki chita sou displin (oswa ki mache ak disiplin lavi ki nan Kris la oswa ki poze sou disiplin lavi Legliz la.
- Disiplin nou yo kanpe sou Kris la (se Kris la ki dènye objektif la)

5. Ki moun manm Legliz Nazareyen yo ye. Seksyon sa a se gid pratik ki anseye epi montre kijan yon moun ka vin manm Legliz Nazareyen. Li montre tou :

- Se yon legliz ki ofri manm li yo anpil posiblite pou grandi epi fonksyone.
- Se yon legliz ki bay tout manm li yo reponsablite nan sa k ap fèt nan leglliz la.
- Ki jan ak kondisyon pou moun vin fè pati Legliz Nazareyen.

Nou menm k ap swiv kou sa yo, n ap deside pou nou vin manm legliz la. Depi kounye a menm, nou deja swete nou byenvini nan lavi n ap mennen ansanm nan legliz lan tankon frè ak sè.

Entwodiksyon

Legliz pa sèlman yon doktrin ki la pou anseye pou moun dwe kwè, li pa yon òganizasyon senpman, ni tou li pa limite nan pozisyon nou pran parapò ak jan nou dwe konpòte nou epi reyaji, ni tou se pa kay nou wè ki bati yo ak yon seri enstitisyon moun met sou pye. Legliz plis pase sa lontan : Se tout moun yo.

Nazareyen yo se moun ki gen yon sèl anvi pou yo sa Bondye vle yo ye a. Yo simaye toupatou sou latè a.

> *« [Legliz Nazareyen] pa yon misyon, men li se yon legliz ki gen yon misyon pou li akonpli. Se yon pil moun kè poze Bondye bay epi ki kontan pou yo mete kè yo ansanm pou yo pote mesaj konesans lezòm pa ka janm fin konprann lan, bay nanm k ap soufri san fòs, san espwa anba dominasyon peche ».*

Pwospektis Legliz Nazareyen an
kite ekri nan dat 1895

Si tout bon vre ou ta renmen konnen sa Legliz Nazareyen an ye, li esansyèl pou gen kontak sere ak kretyen Nazareyen yo. Nou vle fè w konnen nou menm kretyen Nazareyen, nou se yon seri senp manm nan sosyete a. Men n ap sèvi yon Bondye ki pa gen parèy epi ki konn fè bagay ki fè moun etone. Yon Bondye ki mande nou epi ki montre nou pou nou mache (viv) nan Sentespri li a.

Si w li liv sa a paske w ap swiv yon kou pou w vin manm legliz la, n ap ankouraje w pou pran tan pou ou gen bon relasyon ak lòt moun ki nan klas ou. Se yon jan pou aprann konnen kilès yo ye. Men tou, si w ap li liv sa a pou kont ou (san se pa yon kou w ap swiv nan yon klas) nou ta renmen fè w sonje pèsonn pa ka viv lavi legliz la si li pa gen lòt moun ki met ansanm avè l pou yo travay epi rann sèvis pou Bondye.

Legliz se yon fanmi. Legliz se jan nou reflechi, se yon jan nou reyaji devan sa ki fè kè nou tout kontan ak sa ki fè nou tout lapenn. Gen yon ansyen chante ki fè pòtre legliz tankou yon fanmi. Nou tout nou fè « yon sèl nan Kris ».

Prezantasyon Legliz Nazareyen

Gen sis bagay ki ka pèmèt moun rekonèt legliz nou an. Yo fè wè aklè kilès nou ye, ansanm ak sa n ap chache.

1 *Legliz Nazareyen mifesté yon gro dezi pou adorasyon e genyen yon espri pozitif konsènan pastè li yo, manm li yo, pwogram li yo, ansanm ak ministè ki ap fèt nan legliz la.*

Nou se yon pèp ki ale chak dimanch legliz ak kè kontan e san ankenn presyon. Nou pa vin legliz sèlman paske relijyon ki fè nou fè sa, men tou paske nou pran plezi pou nou wè nou ansanm. Nou manm Legliz Nazareyen nou toujou vle rete ak yon santiman kè kontan nan lafwa alega pwogram yo, e aktivite yo la pou satisfè bezwen moun yo swa nan fanmi yo swa andan legliz la.

2 *Legliz Nazareyen sèvi ak tout kalite metòd ki kadre ak pwoblèm moun yo rankontre yon jan pou ede yo rezoud yo nan objektif pou rive gen yon relasyon pèsonèl ak JeziKri an tanke chèf e mèt lavi yo.*

Nou pa moun ki konsèvatè nan jan n ap aplike metòd nou yo, men tou nou p ap janm chanje mesaj Bon Nouvèl la ki fè nou konnen : « JeziKri se sèl mèt ! » Se sak fè nou ki te Bondye enspire nou epi nou mete tout konfyans nou nan Li, yon jan pou nou sèvi ak sa pou nou bay lòt yo sa n genyen, pa mwayen renmen ki nan Kris la. Se toutan n ap mande tèt nou kisa nou dwe fè.

3   *Sa Legliz Nazareyen kwè ak jan li òganize byen klè, byen senp.*

Nan pi fò ka, sa nou anseye soti nan jan nou menm nou konprann sa renmen Bondye a ye. Sa pa vle di tou nou di tout bagay ni nou wè davans tout sa moun dwe kwè nan ansèyman nou yo ; men pito, sa nou anseye yo pale sou eksperyans nou gentan fè nan lavi n sèl fondasyon : obeyisans ak pawòl bondye (Labib) ansanm ak bon rezilta nou rekòlte nan satisfè bezwen lòt yo genyen. Se sak fè nou gen konviksyon moun kapab wè lavi a gen sans epi yo kapab viv li sou tout pwen grasa yon relasyon pèsonèl avèk JeziKri.

Pa gen ankenn sistèm ki bon nèt ale nan jan yon enstitisyon òganize. Antouka, li nesesè pou moun k ap dirije mete bon jan estrikti ak bon jan sistèm òganizasyon. Legliz Nazareyen an chita sou layik yo ansanm ak pastè yo, epi li bati sou tèt ansanm ak renmen.

4   *Nan Legliz Nazareyen lajan se sèlman yon mwayen pou atenn objektif li yo.*

Ministè se bagay ki pi enpòtan pou Legliz Nazareyen. Sa fè nou refize sibi presyon lajan ka fè sou nou, nou pè pou nou pa vin ba l enpòtans pase sa l merite. Nou rete kwè depi nou byen kominike (vizyon nou ak mesaj nou), depi nou rete konsekan nan jan nou jere resous yo, epi depi gen yon bonjan pwogram ki reponn ak bezwen yo, tout sa ap enterese moun ki kite Bondye dirije yo bay sa yo genyen ak kè kontan epi anpil anpresman.

5 *Legliz Nazareyen pran angajman nèt ale pou li chache satisfè bezwen moun. Se sa menm k ap fè Legliz la grandi.*

Sèl grenn rezon ki fè nou konte moun, se paske yo gen anpil valè pou nou. Yon asanble kote moun yo ap grandi nan lafwa, lesperans ak lanmou selon Bib la, se yon asanble ki prèt pou l fè tout sa ki nesesè pou l ale kote lòt yo yon fason pou sila yo ka rive jwenn tout sa yo gen bezwen. Nou gen konviksyon Legliz ap grandi depi li chache satisfè bezwen moun ki nan mizè ak pwoblèm.

6 *Legliz Nazareyen pran angajman pou li bay layik yo bon jan lokal pou yo angaje tèt yo pi plis nan travay legliz la ap fè e tou pou legliz ka kontinye grandi.*

Nou gen konsyans nou bezwen bon jan lokal si nou vle fè yon gwo bagay (bon travay). Malgre sa gen plis ijans pou nou jwenn moun ki deside fè travay la. Nou kwè nan nesesite pou ofri chak moun ki gen dezi patisipe nan travay wayòm Bondye a posiblite pou ekzèse tout kalite sèvis ak ministè. Ministè pastè a se « fòme sen yo pou travay ministè a ak edifikasyon kò Kris la » (Efe 4.12). Gen yon plas pou ou nan legliz Senyè a, kèlkeswa sa ou vle vin ye, kèlkeswa sa ou ka fè, kèlkeswa enterè ou, kèlkeswa don Bondye ba ou.

CHAPIT 2

KOTE NOU SOTI ISTWA LEGLIZ NAZAREYEN

Kretyen nazareyen te envayi lari Kansas City pa bann e pa pakèt, pandan te genyen yon asanble jeneral (yon rankont ki fèt chak katran kote tout reprezantan ak manm Legliz Nazareyen ki soti toupatou sou tè a konn reyini). Yo te desann toupatou nan vil la nan otèl, nan restoran epi ou te jwenn yo nan tout lari. Se te fasil pou moun rekonèt kilès yo ye, gras ak kè kontan yo te genyen, flanm ki te nan kè yo, tout sa yo te santi pou fè yon sèl fanmi.

Te gen yon nonm ki te chita bò kote yon chany kap travay ki pat mache nan okenn legliz, epi ki t ap plede mande : « Kilès nazareyen sa yo ye ? »

Chan lan te reponn nonm lan menm lè a. « Mesyè, moun sa yo se yon seri fidèl ki plen ak zèl ».

Se verite, Legliz Nazareyen gen rasin li plante nan ansèyman John Wesley a, laplipa moun ki te fonde legliz ak doktrin metodis la. Men gen kèk nan moun ki te fonde Legliz Nazareyen an ki te nan lòt legliz ki pat metodis.

Legliz Nazareyen soti anndan mouvman revèy la

Nan finisman diznevyèm syèk la Ozetazini, yon revèy espirityèl te rive eklate nan kay ki fèt antè yo ki nan bouk la, nan bèl kay ki fèt an blòk yo, nan plantasyon yo, nan katye popilè yo ak anndan vant tout nasyon an.

Gwo revèy la ak Istwa mouvman espirityèl sa a

Pisans lanmou Bondye a se te poto mitan gwo moman revèy. Pastè Dwight Moody te tande yon jen nonm ki te pase sis nwit san manke youn menm, kote li t ap preche sou Jan 3.16. Sa te vin pouse Moody pale konsa : « Mwen pa t janm konnen jouk pou rive jodia si Bondye te renmen nou konsa. Kè m te kòmanse ap touche pi plis toujou, jouk mwen pat kapab kenbe dlo nan je m. Se te tankou yon nouvèl ki te soti nan yon peyi ki byen lwen ; mwen te sèlman resevwa li ». Tout nasyon an te tranpe jouk yo te benyen nan renmen ki bon nèt sa a Bondye gen pou nou.

Yon jou, pandan Pastè Moody t ap fè yon reyinyon nan Chicago nan lane 1871, te gen de fanm sèvant Bondye ki te vini kote li pou te fè l konnen yo t ap priye pou li. Moody te reponn yo : « Poukisa nou pa priye pou lòt yo pito ? Mwen menm mwen fin bon deja ! »

Yo te reponn li : « Ou poko bon nèt paske ou pa gen pisans renmen Bondye a nan ou ».

Moody te fache anpil lè yo te di sa, men apre yon ti tan, li te kòmanse santi li bezwen pisans renmen sa a fanm yo t ap pale a. Apre yon bon tan, li te bay temwayaj sa a : « Yo te kontinye ap priye pou mwen, e apre 3 mwa, Bondye te voye benediksyon sa a sou mwen. E mwen pap janm vle tounen ankò nan menm sitiyasyon mwen te ye anvan lane 1871 la ».

John Inskip, yon gwo predikatè levanjil, t ap rakonte kouman lavi li te chanje ; « Mwen t ap preche konsa e mwen t ap di : Annou debrase tèt nou ak tout chay (Ebr 12.1), lè m te tande yon vwa ki te pale anndan mwen ki te di : *Ou menm, fè sa pou tèt pa ou anvan, kounye a.* Apre sa a, mwen te di moun k ap koute mwen yo : *Vini, frè m ak sè m yo nan Kris la, swiv Pastè nou.* Mwen te pran syèl la ak tè a pou temwen. Kounye a mwen kapab di tout lavi mwen nèt pou Seyè a jouk sa kaba ». renmen ki bon nèt sa a te chanje ministè li.

Charles Finney, yon sèvitè Bondye tout moun konnen Ozetazini, kòm yon nonm ki preche anpil e ki fè anpil gwo reyinyon, te rakonte nou eksperyans espirityèl li te viv : « Mwen pa jwenn mo pou m ta esplike renmen mèveye sa a ki ranpli tout kè mwen. Mwen te kriye anpil byen fò tèlman m te kontan ».

Verite Bib la bay sou premye legliz la te kòmanse ap vin reyèl nan peyi a. Kretyen yo te kontan, lavi yo te dwat, yo te toujou gen viktwa paske yo te ranpli ak renmen Bondye.

Konsekans revèy la

Nan finisman syèk sa a, anpil milye moun te dekouvri kado ki se pirifikasyon kè a ak renmen ki bon nèt la. Anpil legliz te devlope sou enfliyans revèy la.

Revèy la te mete yon motivasyon pou te kreye anpil enstitisyon kote pou fè gwo etid ak lòt sant fòmasyon ankò.

Revèy la te pèmèt anpil lòt legliz pran nesans. Legliz Nazareyen se youn nan pi gwo legliz ki sòti anndan vant *wesleyèn*.

Legliz Nazareyen sòti nan lespri linite

Nan men m epòk la, anpil gwoup enpòtan ki te sòti tout kote nan peyi Etazini te kòmanse ap dekouvri verite biblik sa a ki montre Bondye kapab pirifiye kè kretyen e ranpli l ak pisans li.

Yo te konnen Sentespri Bondye a te kapab mete anndan yo yon renmen ki san mank. Gwoup sa yo te dekouvri yon lespri linite nan mitan yo, epi yo te mete tèt yo ansanm pou te fòme Legliz Nazareyen.

Yon eksperyans nan tèt ansanm : Sentespri t ap travay

Nan finisman diznevyèm syèk la, moun nan tout nasyon te fonde legliz yon fason pou pataje bon nouvèl pirifikasyon kè a ak sentete.

12 Me 1886, anpil kretyen nan lavil Providence nan eta Rhode Island, te òganize reyinyon chak semèn. Yo te dekouvri yo te gen yon eksperyans nan tèt ansanm ankomen sou sanktifikasyon e yo te vle kontinye ak ansèyman biblik sa a. Apre yo te reyini nan yon kay pandan anpil mwa, yo te lwe yon magazen. Yo te kòmanse ak yon lekòl dimanch e nan mwa jiyè 1887, yo te fonde yon legliz ak 51 manm.

Kèk mwa apre, nan lavil Lynn, andeyò lavil Boston, yon lòt legliz ki fè menm eksperyans e ki te gen menm enterè sa a tou, te vin pran nesans. Apre sa a, yo te dekouvri te gen anpil lòt legliz ak menm lide sa a ki te pran nesans ankò.

Legliz sa yo te chache gen kontak youn ak lòt ki te vin fè yo fòme yon gwoupman ki gen 10 asanble ladan li. Mouvman sa a t ap grandi.

Nan mwa Janvye 1894, yon gwo komèsan te fonde yon misyon nan lavil New York. Li te swete tou kontinye ak ansèyman an e fè moun viv sa yo rele renmen ki bon nèt la. Nan 5 mwa, yon legliz endepandan te fonde ak 32 manm. Nan menm lane a, li te fonde 2 lòt legliz nan lavil Brooklyn. 3 legliz yo te vin fè yon sèl nan finisman lane 1895, ak yon konstitisyon, ak yon rezime sou ansèyman y ap bay yo.

Gwoup ki te nan zòn Boston ak Brooklyn yo te fòme yon komite ansanm. Nan dat 12 Novanm 1896, gwoup la te dakò pou yo te mete efò yo ansanm ak tout sa yo te genyen yon fason pou gaye verite biblik sou Sentete a toupatou.

Nan mwa Oktòb 1895, yon gwoup moun pastè Phineas Bresee t'ap dirije, ki se yon Doktè nan tewoloji, ak J. P. Widney ki se yon doktè nan branch medsin, te fonde premye Legliz Nazareyen nan lavil Los Angeles. Nan 10 zan konsa, te gentan gen 26 legliz byen òganize. Nan lane 1900, asanble a te gentan genyen 3 195 manm ladan li.

Nan lane 1894, nan eta Tennessee a, Legliz Kris la te fonde sou baz ansèyman apòt yo. Se te tou yon gwoup ki te viv eksperyans pouvwa renmen Bondye pou pirifikasyon tout kè. Infliyans legliz la te blayi nan zòn lwès nan eta Texas la. Yon lòt asanble, ki se Legliz Endepandan Sentete, te pran nesans nan lane 1901. Nan 2 zan, òganizasyon sa a te tèlman devlope rapid, li te gentan fonde 20 legliz. 2 gwoup sa yo te rankontre nan mwa Novanm 1904 e yo te mete sou pye yon *Manyèl* ak tout yon Deklarasyon Lafwa. Yo te fòme yon sèl gwoup ki te rele Legliz Kris Sentete. Nan lane 1908, gwoup sa a te gen anviwon 75 legliz.

Linite pa mwayen Lespri Bondye

Legliz Nazareyen sòti nan gwoup sa yo ki te pran nesans nan diferan zòn nan peyi a. Se te yon atachman ant Lès ak Lwès, epi Nò ak Sid.

Toutan gwoup Lès ak gwoup Lwès t ap aprann konnen youn lòt pi byen, dezi pou yo te mete tèt yo ansanm nan te vin pi fò nan mitan yo. Pandan yo t ap fè yon konferans, yo te dakò vote yon deklarasyon kote tout moun te dakò ak li, ki te pale sitou sou veritab objektif legliz la :

> *Legliz sa yo dakò pou yo mete tèt yo ansanm anba doktrin yo konsidere ki endispansab pou Sali a. sitou jistifikasyomn pa mwayen lafwa ak sanktifikasyom ki swiv li, men sitou pa mwayen lafwa kòm rezilta, ki se yon bèl eksperyans pou konnen sanktifikasyon kòm yon kondisyon nòmal pou tout legliz yo. 2 legliz yo rekonèt dwa pou yon moun vin manm li dwe chita nan eksperyans e, tout moun ki fèt nan Lespri Bondye a dwe jwi privilèj sa yo.*

Premye gwo rasanbleman 2 legliz sa yo te fèt nan lavil Chicago nan mwa oktòb 1907. Anpil moun reprezantan gwoup Tennessee ak Texas yo te patisipe tou. Yo te kòmanse nan yon tèt a tèt sou lide pou yo fè yon sèl ak gwoup sa a. Yon lane apre, asanble a te fèt nan lavil Pilot-Point nan eta Texas. Evènman yo te pran yon lòt aspè kote chanjman ki te pwodwi nan kè moun yo te pouse moun ki nan Lès, Lwès, Nò ak Sid jete tout diferans yo pou yo te ka pèmèt Wayòm Bondye a avanse.

Yon lidè te bay konsèy sa a : « Kounye a, nou vle viv reyèlman yon linyon ant 2 legliz sa yo ». Madi 13 Oktòb 1908, a 10zè 40, yo te dakò ini yo nan yon bèl anbyans kote tout moun te kontan pou sa. Dat sa a make kòmansman non Legliz Nazareyen an.

Anpil lòt gwoup te vin jwenn ak nouvèl denominasyon sa a. Yon gwoup moun ki te gen yon veritab lespri misyonè te pataje menm lafwa ak moun Legliz Nazareyen yo. Nan menm moman an, yon gwoup legliz ki sòti nan zile Britanik te fè ekip ak Legliz Nazareyen. setan apre, Asosiyasyon Layik pou Sentete, ki te gen plis pase 1 000 manm, te fè yon sèl ak Legliz Nazareyen kote yo te pwofite prezante pwogram kanpay evanjelizasyon ki vrèman elaji ak aktivite revèy yo genyen tou.

Se menm lespri linite sa a ki kontinye resevwa moun tout kote, nan fanmi Legliz Nazareyen an.

Legliz Nazareyen sòti nan mitan moun sa yo ki kwè nan fè sèvis Bondye

Bondye aji pa mwayen travay netwayaj Sentespri a nan revèy sa ki eklate nan tout peyi a. Li aji nan mitan moun sa yo ki mete tèt yo ansanm malgre diferans pou fè travay Bondye jan sa dwe fèt la. Bondye aji tou nan mitan moun sa yo ki bay tout lavi yo pou fè sèvis Bondye a.

Istwa Legliz Nazareyen gen ladan li temwayaj sou anpil gwo moun (fi tankou gason) ki t ap sèvi Bondye. Sa nou pra l di a se yon ti istwa pami tout lòt ki gen ankò yo. Se istwa konsènan Pastè Phines Bresee, premye moun Legliz Nazareyen te chwazi pou te kapab alatèt mouvman sa a. Istwa sa a rakonte travay Bondye fè nan tout peyi a depi lè legliz la te pran nesans.

Nan kòmansman. Pastè Bresee te fèt nan yon ti kay anbwa nan zòn Franklin, ki lane 1838. Li te aksepte Jezi nan lavi li nan mwa fevriye lane 1856. Lè fanmi li te kite eta New York la pou eta Iowa a, jèn gason sa a ki te gentan gen 19 van te jwenn otorizasyon pou li kòmanse preche. Nan lane 1861, yo te chwazi li kòm youn nan ansyen manm.

Premye lane li yo nan ministè li kòm pastè. Kòm li te gen misyon pou li te vizite anpil lòt legliz, jèn gason sa a te santi yon bagay nan li ki fè li tris e li te reyalize kòman li te gen yon gwo misyon devan li. Li te di konsa : « *Sa pa dwe rete konsa, kelkeswa sa sa te kapab koute m, travay la dwe mache* ». Nan finisman premye lane a, 140 moun te vin manm legliz la e li te achte yon bèl presbitè kote li te tou abite, ak yon bèl charyo ak cheval pou lè l'ap deplase.

Kòm se te yon koutim nan epòk la, li te ale nan chak legliz pou li al fè sèvis e li te santi li byen pou li fè travay sa a.

Pandan premye lane sa yo, li te gen 2 prensip li te toujou kenbe pandan tout lavi li : (1) li te renmen chante ti kè tout moun renmen chante pase chante legliz yo ; (2) li te toujou kwè li pa t nesesè pou yon moun gen yon bèl ak gwo legliz pou te kapab gen siksè nan travay preche levanjil.

Yon bagay li t ap chache pou lavi espirityèl li. Pou rive fen lane 1866, Bresee te kòmanse chache yon bagay ak tout fòs li. Li te menm ekri : « Mwen te sanble manke lafwa nan tout bagay ». Pandan yon reyinyon priyè nan lanwit kote nèj t ap tonbe, li t ap priye sou lotèl pwòp legliz l ap dirije a, pou Bondye te kapab ba li sa kè li te dezire a : menm kote li te fè esperyans prezans renmen ki bon nèt Bondye a.

Li te kòmanse ap pèdi bèl relasyon sa a li te genyen ak Bondye a pandan yon bon moman. Volonte li te gen nan li pou fè sèvis Bondye te kòmanse difisil. Anpil lòt bagay te vle pran tèt li.

Pèdi objektif la. Esperyans renmen Bondye li te fè a te vin pran yon lòt wout. Rezon ki fè sa, se paske li dakò nèt ale pou li te patisipe nan yon pwojè ki gen kòm aktivite pou chache lò. Li te bay tout tan li nan pwojè sa a ak yon ansyen Pastè ki te vin yon moun k ap fè rechèch sou kòman pou yo rantre kòb nan chache lò.

Nan lane 1879, Bresee te pran yon ti legliz sou reskonsablite li yon jan pou li te pase plis tan li nan pwojè sa yo. Li te menm kòmanse ap vann kèk manm nan legliz li a kèk min kote yo tap esplwate lò. Apre sa a, te gen yon esplozyon ki te fèt nan min lò a e yo te pèdi tout materyèl travay yo. Bresee te pèdi tout sa li te genyen e li pa t gen pyès mwayen pou li te menm viv ak fanmi li.

Sa te sèvi li kòm yon gwo leson. E li te pran desizyon pou li te konsakre tout lavi li sèlman nan preche pawòl Bondye a. Yon zanmi te fè li kado 1 000 dola, epi nan lane 1883, lè li te gen 44 tran, Bresee ak fanmi li ki te gen 7 timoun ak 2 gran paran te pran yon tren pou yo te al viv nan eta California a.

Yon nouvo depa. Fanmi a te rive nan lavil Los Angeles e dimanch ki vin apre a, yo te envite Bresee pou li te preche nan Premye Legliz Metodis la. Nan espas 2 semèn konsa, yo te nonmen li pastè. Apre sa, li te rankontre anpil moun nan legliz li a ki te konprann kòman li enpòtan pou yon kretyen kite Bondye ranpli li ak Sentespri li epi ak renmen ki bon nèt li. Li te ekri Pawòl sa yo : « Natirèlman mwen santi mwen lye ak yo nan lespri m ».

Nan lane 1884, 2 gwo evanjelis ki sòti nan Asosiyasyon Nasyonal Sentete te vin fè kèk reyinyon espesyal nan legliz la pandan 3 semèn. Se pandan moman sa yo Bresee te tou pran desizyon pou li te angaje li nan kesyon renmen JeziKri ki fè netwayaj nan moun pa li yo. Se te yon melanj yon lavi ki pwòp ki ranpli ak pisans Bondye. Li pa t twò konn pale konsènan esperyans sa a, jouk tan yon jou, li te di pawòl sa yo : « Mwen te santi nan fon kè mwen ak nan lavi mwen yon gwo chanjman, yon benediksyon, onksyon ak Laglwa Bondye, yon pakèt bagay mwen pa t janm santi anvan. Mwen santi mwen te jwenn sa m t ap chache a ».

Depi lè sa a, ministè li pa t janm sispann ap devlope. 2 zan apre, lè li te fin kite legliz Los Angeles la, li te vin gen 650 manm nan legliz li a, ki se 4 fwa lavalè kantite moun ki genyen nan lòt legliz ki nan zòn Sid California, epi tou chak dimanch, te toujou gen plis pase 1 000 moun nan sèvis adorasyon yo.

Gwo moman legliz la. Nan mwa dawout 1886, Bresee te ale viv nan yon ti vil ki te sou tèt yon mòn. Legliz la te gen sèlman 130 manm. Bresee te pale konsa : « *Ak gras Bondye, mwen pral mete yon dife nan zòn nan, kap rive jouk nan syèl la* ».

Nan finisman premye lane a, kantite moun ki te mache legliz la te vin plis pase 2 fwa lavalè. Apre 6 mwa ankò, 250 lòt manm te vini nan legliz la. Yo te bati yon gwo tanp ki te gen ladan li 2 000 plas. Avan dezyèm lane a fini, te vin gen 700 moun antou nan legliz la.

Nan lane 1891, yo te nonmen Bresee prezidan tout ansyen ki nan rejyon Los Angeles yo. Li te pase kote li t ap òganize rankont nan chak legliz sa yo ki te nan zòn nan. Rankont sa yo ki te konn ap fèt nan tout vil la ak nan zòn Sid California te pèmèt plis moun vin nan legliz yo ak anpil kontantman.

Zeprèv lafwa. Lé li te tounen nan zòn Sid Califonia, li te jwenn yo te nonmen John H. Vincent kòm evèk sa vle di Pastè anchèf. John pa t dakò ak mouvman sentete Pastè Bresee t ap pale de li a. Li te retire Brese nan plas kote li te ye a, e li te nonmen li pastè nan Tanp Simpson nan lavil Los Angeles.

Legliz la te kapab pran 2 500 moun epi te gen anpil materyèl pou bay bon son, ou pa t ap jwenn menm nan pi gwo sal teyat osnon kote yo fè gwo konsè nan vil la. Men, moun yo pa t anpil nan legliz la e yo pat kapab peye tout dèt yo. Apre yon lane konsa, yo te vann kay la epi yo te fèmen legliz la. San li pa t janm dekouraje, Bresee te pase plis tan li nan fè lòt reyinyon nan legliz nan lòt zòn yo. Li te deside pou li te ede inivèsite ki nan California nan zòn Sid la, ak kolaborasyon J. P. Widney ki se te yon doktè nan domèn medsin, epi tou ki se te yon bon zanmi Pastè Bresee.

Bresee te gen rèv pou li te kreye yon ministè nan katye pòv yo. Men, li pa t kapab jwenn pèmisyon sa vre nan men Legliz Metodis la.

Nan lane 1894, Breese te asosye ak Misyon Penyèl. Se te yon misyon ki pa t asosye li ak lòt misyon. Li t ap travay ladan li san yo pa t nonmen li kòm moun ki genyen reskonsablite espesyal. Li te konn fè reyinyon priyè lè madi, sèvis lè dimanch maten ak sèvis jèn yo chak vandredi swa. Apre yon bon tan, li te vin gen pwoblèm ak fondatè misyon yo pou rezon strateji yo. Li te konprann nan li menm moun ki pa kapab yo te dwe gen pwòp legliz pa yo, men fondatè misyon Penyèl yo te vle konsantre ministè yo sou travay misyonè sèlman. Nan lane 1895, pandan li te ale Chicago pou kèk rankont ap ou li ta kap vizite kèk lòt misyon, fondatè misyon Penyèl yo te tou revoke li. Lè li te gen laj 56 zan, li pa t men gen yon legliz, ni chè, ni yon kote pou li ta fè ministè li mache.

Yon legliz tounèf. Dimanch 6 oktòb 1895, Widney ak Bresee te kreye yon legliz tounèf. Jou maten sa a, Bresse te chwazi pasaj ki di konsa : « Men sa Senyè a di ankò : Rete non sou kous nou ! Gade byen ! Mande kote ansyen chimen yo te pase. Mande kote bon wout la ye. Pran l. Lè sa a n a viv ak kè poze » (Jer 6.16).

Dè semèn apre, 82 moun te mete tèt yo ansanm kòm manm fondatè Legliz Nazareyen. Apre yon ti tan ankò, te vin gen 135 moun e pifò ladan yo se te nouvo konvèti.

Se te Widney ki te esplike ki sa non legliz la vle di. Li te di konsa : « Mo *nazareyen* an te esplike misyon difisil ak imilite Kris la te genyen. Se te non sa advèsè yo te konn itilize pou yo te pase yo nan rizib. Se non sa ki mare Kris la ak lemonn k'ap lite e k'ap soufri. Se Non Jezi sa a, Jezi nonm Nazarèt la, lemonn bezwen konnen pou mizè li ak dezespwa li fini, epi pou li kapab gen lesperans ».

Premye *Manyèl Legliz la* te fè te di konsa : « Misyon legliz la se pou ede tout moun ki santi y ap soufri nan batay lavi a, ak pou tout moun ki bezwen pou kè yo ki sal ak peche vin pwòp ».

Nan finisman premye lane a, legliz la te genyen 350 manm. Nan 8 tan ankò, te gen plis pase 1 500 manm nan legliz yo.

4 tran apre, linyon ki te fèt nan zòn Pilot Point, nan eta Texas la, te louvri pòt pou Legliz Nazareyen, legliz tounèf sa a te vin tabli kò li tout kote sou latè.

Legliz Nazareyen sòti nan Lespri Bondye

Nou vle fè tout moun konnen premye eleman sa yo ki te bay legliz la nesans la, se yo menm nou tabli kòm prensip ak reyalite egzistans legliz nou an jodi a. Moun ki te jwenn Istwa kouman legliz la te komanse se te Timothy Smith. Li te bay rezime sa a konsa :

Tout moun te kapab fè lide yo pase pou Legliz la te kapab byen mache. Nou kwè ak tout kè nou Bondye kapab fè nou konnen volonte li pa mwayen moun sa yo k'ap sèvi li ak anpil renmen nan kè yo.

Pi gwo misyon legliz la se te pou te preche mesaj Sentete a. Bondye nou an ki sen, te vini pou sanktifye moun pa li yo nan lave kè yo ki plen ak peche, epi pou ranpli yo ak renmen ki bon nèt la. Anons mesaj la rete pi gwo misyon legliz nou an.

Disiplin ki te genyen nan premye legliz la te plis chita sou travay Sentespri a. Bresee te rete kwè ak tout kè li si tout moun yo te ranpli ak renmen Bondye Sentespri t ap gide pou ede yo mennen yon lavi ki fè Bondye plezi nèt.

Deklarasyon Lafwa a te jwe yon wòl enpòtan nan legliz la e li te bay anpil enpòtans ak renmen ki bon nèt ki sòti nan Bondye a. Legliz la pa t gen dwa pratike yon lòt doktrin, ki se pa laverite ki te toujou la a. Li pa t janm te yon gwoup ki divize ki sòti nan yon relijyon, men pito se yon mwayen pou preche ak pou anseye laverite biblik sou renmen ki bon nèt.

Legliz la te gen ladan li yon lajwa nèt ale nan mitan manm li yo. Yo te toujou priye lè dimanch, ak chache gen nouvèl moun pou moman lapriyè osnon fè lòt bagay. Te gen renmen ak kontantman nèt ale nan mitan yo, e se menm lespri sa a ki viv nan mitan nou jodi a.

Dapre anpil nazareyen, Bresee se senbòl Legliz Nazareyen an. Prèch li yo se te tankou yon dyalòg li t ap fè ak chak moun. Pandan tout jounen an, li te toujou pran abitid salye tout moun li kwaze sou wout li. Se te yon mesaj ki te bay lesperans anpil. Li te toujou renmen kanpe charyo li pou li salye moun.

Vandredi 8 oktòb 1915, Bresee te patisipe nan dènye asanble jeneral li. Yo te nonmen li sirintandan jeneral yon dezyèm fwa. Yo te ofri li 77 flè woz, chak woz te reprezante yon lane nan lavi li ak yon flè blanch pou lòt lane k'ap vini an. Se kòm si sete yon pwofesi, paske apre 29 jou asanble jeneral la te fin fèt, li te mete yon bout nan misyon li.

Dènye mesaj li te preche nan legliz li a te sòti nan Matye 5.44-45 : « Renmen lènmi nou. Beni moun ki modi nou. Fè byen pou moun ki rayi nou. Epi, priye pou moun ki maltrete nou, pou moun ki pèsekite nou. Konsa, nou va vin pitit Papa nou ki nan syèl la. Paske li menm, li fè solèy li a leve ni sou moun ki mechan ni sou bon moun. E, li voye lapli ni sou moun jis ni sou moun ki pa jis ».

CHAPIT 3

BAZ KWAYANS LEGLIZ LA

Lafwa kretyen an pi fò pase yon bagay ou kapab santi ; se pito fason nou mete konfyans nou nan Bondye, oubyen jan nou viv nan relasyon nou genyen ak Bondye. E reskonsablite legliz pou pataje sa nou kwè yo ak manm, yon fason pou pran defans la fwa sa « yo te transmèt bay sen yo yon fwa pou tout la » (Jid 3). Apot Pòl pale sou sa anpil (Gade nan 1 Ko 15.1-4 ; 1 Ti 3.9 ; 2 Ti 2.2). Premye atik kretyen yo se te yon deklarasyon doktrin ak rekonesans pou sa ki te fè yo jwenn sali a. Se te : « Jezi se Senyè » (Wom 10.9).

Sa te montre sa kretyen yo te kwè a pat sèlman yon bagay entèlektyèl men li montre tou verite ki esplike kouman nou kapab gen yon bon relasyon ak Bondye. Se objektif deklarasyon *Manyèl la* sou kwayans debaz legliz la pou lavi pratik yon bon kretyen.

Apre kèk tan, li te vin yon nesesite pou tout legliz genyen yon deklarasyon ki esplike tout sa li kwè yo. Se sa Legliz Nazareyen te fè, kote li te pran laswenyay pou li te deklare tout sa li kwè ki selon Pawòl Bondye a. Nan chapit sa a, n ap egzamine kwayans legliz la epi n ap montre kouman li enpòtan pou lavi pratik yon bon kretyen.

Deklarasyon lafwa

Legliz Nazareyen genyen 16 atik ki esplike kwayans li. Nou jwenn deklarasyon sa yo nan finisman chapit la.

Yo sèvi ak mo teknik tewoloji pou yo ekri deklarasyon doktrin nan. Men yon rezime 16 deklarasyon yo :

1 *Nou kwè nan yon sèl Bondye, ki kreye tout bagay, ki te manifeste li sou fòm Papa, Pitit la ak Sentespri a.*

2 *Nou kwè nan Jezikris, ki se Bondye tout bon vre ak moun tout bon vre yon jan pou li te kapab sove nou.*

3 *Nou kwè nan Sentespri a, k ap fè travay li tout kote sou latè, pou pote Sali Bondye bay nan Jezi a pou nou.*

4 *Nou kwè Bib la se Pawòl Bondye, ki gen ladan li tout sa nou dwe konnen pou nou kapab sove.*

5 *Nou kwè nou tout fè peche depi nan vant manman nou, ak nan fason n ap viv, ki fè poutèt sa nou bezwen padon ak netwayaj ki soti nan Bondye.*

6 *Nou kwè Jezikris te mouri sou lakwa, epi si nou mete konfyans nou nan Li, li kapab fè vin zanmi Bondye ankò.*

7 *Nou kwè Bondye ban nou tout posiblite pou nou vire do bay peche pou nou vin jwenn li, men li pa fòse nou fè sa.*

8 *Nou kwe chak moun bezwen mande Bondye padon, vire do bay peche nèt, epi gen konfyans Kris la ap resevwa yo.*

9 *Nou kwè lè nou vire do bay peche pou nou mete konfyans nou nan Kris la, peche nou yo ap efase nèt, epi n ap vin tounen yon lòt moun ki fenk fèt nan fanmi Bondye a.*

10 *Nou kwè apre nou fin konvèti, n ap bezwen pou Lespri Bondye ranpli tout kè nou. Lè nou konsakre tout lavi nou pou Li, L ap netwaye lespri nou, L ap ranpli nou ak renmen ki bon nèt la, epi L ap ban nou pouvwa pou nou viv ak laviktwa.*

11 *Nou kwè Legliz la se kò Kris la, k ap kontinye misyon li a pa mwayen pouvwa entespri a.*

12 *Nou kwè nan batèm e nou konseye tout kretyen pou yo batize nan dlo.*

13 *Nou kwè nan lasentsèn.*

14 *Nou kwè Bondye kapab bay lagerizon e nou priye pou sa tou. Nou kwè tou Bondye kapab sèvi ak medikaman pou moun jwenn lagerizon.*

15 *Nou kwè Jezi ap retounen.*

16 *Nou kwè tout moun gen pou jije devan Bondye pou yo jwenn rekonpans osnon pou chatiman yo.*

Yon deklarasyon lafwa pa gen okenn valè si nou pa kwè tout bon vre. Kwè vle di, mete tout konfyans nou nan Bondye, epi obeyi li ak tout kè nou.

Bondye te kreye yon mond ki te bon nèt. Mond sa te gen ladan li moun ki vivan, ki se Adan ak Èv. Bondye te bay yon plan ki senp pou fonksyònman bèl mond sa, ki se : « Ou mèt manje donn tout pyebwa ki nan jaden an. Men, pinga ou manje donn pyebwa ki fè moun konnen sa ki byen ak sa ki mal la. Paske, jou ou manje l, w ap mouri » (Jen 2.16-17). Se Bondye ki dwe Bondye.

Men, peche glise nan mond la tankou sèpan nan zèb la. Tantasyon an te klè : « sèpan an di fanm nan : Se pa vre. Nou pap mouri kras » (Jen 3.4). Tantasyon an se te : ou pa kapab fè Bondye konfyans, ou dwe chache konnen ou menm sa ki bon ak sa ki mal ; « n a vin tankou Bondye » (v. 5).

Se yon chwa ki senp : si nou pa vle fè Bondye konfyans tankou Bondye nou, nou vle di nou se Bondye tèt nou. Men, nou dwe konnen Bondye pa t kreye moun pou yo te konsa. Se la nati peche nou manifeste nan plizyè peche atitid ak aksyon.

Bondye pa vire do ban nou. Li rele nou vin jwenn li, Kris la te « vini chèche epi sove sa ki te pedi » (Lik 19.10). Li di : « Gade ! Mwen kanpe la devan pòt la, m ap frape » (Rev 3. 20). Bondye vle pou rekonèt li kòm vrè Bondye ou, yon fason pou se li k ap deside sa ki byen ak sa ki mal pou ou.

Nou pa kapab bali tout lavi nou si nou pa gen konfyans nan li ak nan renmen li gen pou nou. Bondye ap chache genyen konfyans ou. Jan ou wè sa sanble yon bagay ki mèveye a, Bondye sa ki fè tout bagay, Bondye mèveye sa ki se Papa, Pitit la ak Sentespri a ap chache genyen renmen ou, konfyans ou ak obeyisans ou.

Papa a chache renmen ou lè li voye pitit li Jezi. Pa mwayen Jezi, Bondye vini nan lachè ak zo, li vin sanble ak nou, li mache nan mond nou an paske li renmen nou. Nesans Jezi a montre nou Bondye se yon Bon Papa, nan li nou ka mete konfyans nou.

Lanmò Jezi montre gwosè renmen Bondye sa ki tèlman soufri gen pou nou ! E lè Jezi sòti vivan nan lanmò, Bondye montre nou li kapab fè tout sa li pwomèt.

Pa gen pi gran renmen pase sa ki genyen nan Papa a ak Pitit la. Gwo renmen sa manifeste nan Sentespri a. Bondye voye Lespri a nan mond nou an jodi a. Li antoure w, li chache favè w, li vle sove ou. Depi ou mande l vin nan lavi ou avèk konfyans, Lespri antre nan ou, e ou menm ou antre nan renmen Bondye a. Menm kote a tout peche ou padone, tout peche pase ou yo efase, e Bondye adopte ou nan renmen li a.

Sentespri a se prezans Bondye nan lavi nou. Li rele Sentespri paske l pote sentete. Sentete se karaktè, oswa se tout sa Bondye ye. Sentete a se nati Bondye, e li vin pou fè nou sen. Lespri vin pou mete chak pati lavi nou sou kontwòl Bondye. Tankou yon dife ki limen nan nou, Lespri a limen, li transfòme nou, e li mete tout bagay ki nan nou anba direksyon Bondye.

Lè ou se kretyen sa vle di : « se nan Lespri a tou, pou nou kondi tèt nou » (Gal 5.25). Sa ap pwodwi yon gwo chanjman nan lavi ou. Lè ou kite Lespri gide ou, w ap rive nan yon nivo kote w ap bezwen pou tout lavi ou nèt pirifye, lè ou abandone tout ou menm nèt pou renmen Bondye vlope ou. Bondye netwaye kè ou e li fè ou vin fidèl devan li. Lè sa a ou vin zafè Bondye nèt.

Lespri a ap mennen ou tou nan yon mouvman matirite espirityèl. Li vle mete lavi nan entèlijans nou, ban nou yon karaktè ki bon nèt, epi fè lavi nou vin nan sans Bondye. Nou viv dapre Pawòl Bondye a : « se pou lavi nou chanje dapre lespri nou Bondye refè a. Konsa, nou va rekonèt sa ki fè li plezi, epi sa ki total » (Wom 12.2).

Pratik sa nou kwè

Nan tèm biblik, travay san mank sali a fè nan lavi yon manm se jistifikasyon ansanm ak sanktifikasyon. Nan yon fason ki pi senp, Bondye fè nan nou menm ak pou nou menm, sa nou menm nou pa kapab fè pou tèt pa nou. Responsablite nou se pou n fè l konfyans ak obeyi l.

Jistifikasyon an : Sa Kris fè pou nou

Jistifikasyon an vle di : Bondye aksepte nou kòm si nou pat janm fè peche (Wom 3.21-31) .

- Jistifikasyon an kòmanse lè nou tounen vin jwenn Bondye ak lè nou mete konfyans nou nan Kris la.

- Gras Bondye kontinye ap jistifye nou chak fwa nou kite konfyans nou travay nan renmen ak lè n ap mache nan limyè Bondye a : Mete konfyans nan li, obeyi li.

- Alafen jistifikasyon an ap sèvi nou kòm yon gaj nou peye nan jou jijman, ak pou n antre nan syèl la.

Sanktifikasyon an : Sa Kris fè nan nou

Nan yon sans ki pi laj : tout travay Bondye nan nou fèt granmesi Sentespri a (2 Te 2.13 ; Ebr 12.14) e se sa ki rele sanktifikasyon an.

- Premye sanktifikasyon an osnon sa nou rele yon lavi tou nèf la, kòmanse an mem tan ak jistifikasyon an (1 Ko 6.9-11 ; Tit 3.5-7).

- Sanktifikasyon konplè a se yo nivo ki pi wo nan pwosesis etap travay la (1 Te 5.23 24 ; Wom 6.9 ; Efe 5.25-27 ; Jan 17.17).

- Glorifikasyon an se dènye bout pèfeksyon nan sanktifikasyon an, kote nou rive granmesi lafwa (Fil 3.12-15 ; 1 Jan 3.2).

Pi gwo definisyon ki pi bon sou sanktifikasyon nou jwenn nan Bib la : « Nou tout, figi nou devwale, glwa Senyè a ap transfòme nou, glwa apre glwa, jis nou rive menm pòtre avèk li. Tout sa, se gras a Senyè a ki se Lespri a » (2 Ko 3.18).

An nou egzaminen, menm lide Labib sa yo nan mo ki pa ni teknik ni tewolojik.

A. Atirans Bondye ban nou (kèkfwa yo rele li gras k ap prevni, revèy, pran konsyans, oswa yon vid ki nan fòm Bondye ki egziste nan kè chak moun). Se sa ki atirans Bondye k ap travay nan lavi chak moun. Chak fwa moun yo ap reponn, y ap dekouvri nan Kris la yon chimen ki mennen kote Bondye.

B. Yon nouvo depa (kèk fwa yo li rele fèt yon dezyèm fwa, lè ou sove, lè ou rejenere) se rezilta lè ou kite peche pou fè Jezikris konfyans. Bondye ban nou posiblite, pou nou fè yon nouvo depa nan lavi nou.

Bondye padonen nou e li rantre nan lavi nou. Nou genyen yon bon moun ki pou gide nou, moun sa se Jezi.

C. *Pran yon bon konsyans* (kèk fwa se pou kretyen k ap viv nan lachè, ki pa gen matirite, oswa ki timoun nan Kris la). Nan kòmansman lavi kretyèn nou, n ap pran konsyans pi plis chak jou sou nouvo mòd lavi n ap mennen ak sou fason Bondye ap kontinye travay nan lavi nou yo. Nou grandi nan la priyè, nan etid Labib, nan kominyon fratènèl ak lòt kretyen yo, obeyisans pou Bondye ak fason nou aksepte pou volonte li fèt nan lavi nou. Nou grandi chak jou. Nou vin lage kò nou pi plis bay Bondye.

D. *Yon angajman san mank ak yon renmen ki pirifye* (kek fwa yo rele li sanktifikasyon san mank la, mach kretyèn nou, plenitid Lespri oswa yon renmen ki bon nèt). Lè nou vin rive nan yon stad siperyè nan mach matirite a, nou gen dezi pou nou remèt Jezi tout lavi nou ak tout sa ki ladan l. Pou kèk moun, se yon moman konba ; pou kèk lòt se yon bagay ki natirèl nan fason yo dwe grandi espirityèlman kòm kretyen. Se lè ou rive nan yon nivo kote pou rekonèt akonplisman pwomès ki fèt nan Labib la nan ou : « Se pou Bondye ki bay lapè a sanntifye nou nèt. Epi, ni lespri nou, ni nanm nou, ni kò nou, anfen nou menm tout antye, se pou l kenbe yo san defo pou retou Jezikris, Senyè nou an. Sila ki rele nou an, li fidèl. Se li menm tou k ap regle sa » (1 Te 5.23-24).

Bondye ap pirifye nou avèk renmen ki bon nèt la, pou retire lògèy ki se yon peche ki nan nou, logey natirèl la dwe desann devan Senyè Jezikris la. Vrè pèsonalite ki nan nou an, li libere gran mesi pouvwa Sentespri a.

E. Yon lavi k ap grandi (pafwa yo rele li matirite kretyen an, grandi nan gras la, ak laglwa nan laglwa). Nan etap lavi sa a, nou mache nan limyè a, menm jan li menm li nan limyè. Nou aprann kouman pou nou grandi espirityèlman, kouman pou nou renmen ak sèvi jan nou pat janm te konn fè sa anvan. Nou aprann pwofon leson imilite e nou aksepte soufrans pou laglwa Bondye. Konsa, nou sezi viktwa ki pi gwo yo ak kontantman pou n sèvi Bondye. Nou se moun ki ranpli ak defo, ki manke sa ki bon, nou sibi echèk ak tantasyon, men nou kenbe konfyans nan Bondye anndan kè nou, pisans ak renmen.

F. Dènye etap la (pafwa yo rele li syèl la oubyen glorifikasyon an). Lè nou kite lavi sa, nou rantre nan lavi ki pap janm fini an nan prezans Senyè a ki renmen nou. Pou nou menm, lanmò pa yon miray, men pito, se yon pòtay. Si lanmò ta vini san zatann, nap gen pou n konnen laglwa san zatann nan.

Plas pou doktrin nan

Yon bon doktrin se yon bagay ki esansyèl. Ansèyman Labib la se yon bagay esansyèl tou. Men nan apwòch nou fè sou 2 eleman sa yo, nou bezwen gen yon atitid renmen ki sanble ak pa Kris la. Nan Legliz Nazareyen, nou abòde doktrin nan, tewoloji a, ak ansèyman Labib la dapre kèk atitid.

Mete anfaz sou eksperyans pèsonèl la. Doktrin nan limenm pa janm kapab sove moun. Konfyans nou pa chita nan pratike yon doktrin, men nan Jezikris.

Sèlman yon relasyon avèk Jezikris kapab anvayi lavi pa nou vrèman ak lavi Bondye a.

Mete anfaz sou kalite kado sali Bondye a. Bondye vle pou lavi kretyen nou kapab ekilibre granmesi mizerikòd li fè nou. Se poutèt sa Legliz Nazareyen mete anfaz sou objektif jeneral sali a. Sove nan peche ak sove pou sèvi, se ansèyman sa Labib bay.

Yon atitid ki pap defann li. Nou pa gen pou n defann Bondye. Li gen mwayen pou li fè sa, nou dwe sèlman pataje renmen li ak lòt yo. Atitid sa bay santiman repo ak bèl bagay nou kapab viv. Nou ofri lòt yo renmen Bondye, e nou kite Sentespri a fè travay li nan lavi yo.

Imilite Bondye lakay moun ki kwè yo. Yon bon doktrin san yon bon relasyon ak Bondye kapab kòm rezilta yon atitid ki kritik. Lè doktrin nan bay yon atitid siperyè, li vin nesesè pou nou chache vin pi zanmi Bondye, pou nou vin gen plis imilite, e pou nou pataje renmen ak lòt yo, espesyalman ak moun ki pa dakò ak nou.

Yon doktrin k ap fonksyone. John Wesley, yon gwo tewolojiyen, te imajine yon pwosesis ki gen 4 etap pou li gen yon lide sou Bondye. Pou kòmanse, li te etidye Labib ki se Pawòl Bondye, etidye tradisyon legliz la epi zeprèv larezon an, pou fini li te vle yon laverite ki soti nan eksperyans.

Yon moun te mande l : « Si w te jwenn yon doktrin ki soti nan Labib la ak tradisyon legliz la ki rezonab, men ki pa yon verite vre dapre eksperyans ou ? »

Li te reponn li : « Mwen t ap rekòmanse pou m wè kote mwen te mal konprann Pawòl Bondye a ».

Yon deklarasyon lafwa. Yon senp deklarasyon ki fèt nan premye paragraf chapit sa se pi bon deklarasyon lafwa a. Li se pa sèlman yon bon doktrin, men li sòti nan yon kè ki ranpli ak konfyans. Li soti nan Woman 10.9 : « Si ou deklare ak bouch ou devan tout moun Jezi se Senyè, si ou kwè tout bon nan kè ou Bondye te fè l leve soti vivan pami mò yo, w a sove ». Se sa ki te konviksyon premye kretyen yo. Se sa ki se kwayans kretyen jodi a yo. Jezi se Senyè.

Atik lafwa yo

1 **Trinite a.** Nou kwè nan yon sèl Bondye, ki la pou toutan gen tan, ki pa gen bout, dominatè tout linivè ; li se sèl Bondye, kreyatè ak direktè, li sen nan tout sa l ye, nan karakteristik li yo ak nan entansyon li yo ; kòm Bondye, li se 3 pèsonn nan tout li menm, nan Papa, Pitit la ak Sentespri a.

> *Jenez 1 ; Levitik 19.2 ; Detewonòm 6.4-5 ;*
> *Ezayi 5.16 ; 6.1-7 ; 40.18-31 ; Matye 3.16-*
> *17 ; 28.19-20 ; Jan 14.6-27 ; 1 Korent 8.6 ;*
> *2 Korent 13.14 ; Galat 4.4-6 ; Efèz 2.13-18.*

2 **Jezikris.** Nou kwè Jezikris se Bondye, dezyèm Pèsonn nan trinite divin nan, ki depi toutan li fè yonn ak Papa a, ki te vini nan lachè pa mwayen operasyon Sentespri a, ki te fèt nan yon jèn fi kite vyèj, yo rele Mari. Jezi te gen tou de karakteristik yo nou jwenn nan Bondye. Li se Bondye e li se yon vrè nonm tou. Se te Bondye ki te vin moun.

Nou kwè Jezikris mouri pou peche nou yo, nou kwè vre li leve soti vivan pami mò yo, li te pran kò li ankò, tankou tout sa ki sanble ak pefeksyon karakteristik yon nonm, apre sa li te monte nan syèl kote l ap defann nou kounye a.

*Matye 1.20-25 ; 16.15-16 ; Lik 1.26-35 ;
Jan 1.1-18 ; Travay 2.22-36 ; Women 8.3,
32-34 ; Galat 4.4-5 ; Filip 2.5-11 ; Kolòs
1.12-22 ; 1 Timote 6.14-16 ; Ebre 1.1-5 ;
7.22-28 ; 9.24-28 ; 1 Jan 1.1-3 ; 4.2-3, 15.*

3 **Sentespri a.** Nou kwè nan Sentespri a, twazyèm pèsonn nan trinite divin nan, ki toujou prezan e k ap aji efikasman nan legliz Kris la epi ak legliz la tou, l ap fè tout moun konnen yo fè peche, l ap repare moun ki repanti e ki kwè, l ap sanktifye moun ki kwè yo epi l ap gide lèzòm nan tout laverite, sa ki nan Jezikris la.

*Jan 7.39 ; 14.15-18, 26 ; 16.7-15 ; Travay
2.33 ; 15.8-9 ; Women 8.1-27 ; Galat 3.1-
14 ; 4.6 ; Efezyen 3.14-21 ; 1 Tesalonisyon
4.7-8 ; 2 Tesalonisyon 2.13 ; 1 Pyè 1.2 ; 1
Jan 3.24 ; 4.13.*

4 **Pawòl Bondye a.** Nou kwè Labib se Pawòl ki soti nan Bondye, sa vle di 66 liv nouvo ak ansyen kontra a fèt sou lenspirasyon Bondye. Revelasyon ki montre aklè volonte Bondye san manke anyen pou nou nan tout bagay ki nesese pou Sali nou. Konsa, tout pawòl ki pa soti nan Labib pa dwe preskri kom yon atik lafwa.

*Lik 24.44-47 ; Jan 10.35 ; 1 Korentyen
15.3-4 ; 2 Timote 3.15-17 ; 1 Pyè 1.10-12 ;
2 Pyè 1.20-21.*

5 **Premye peche a ak peche yon moun.** Nou kwè peche te antre nan mond la akoz dezobeyisans premye paran nou yo e se peche ki te lanmò a. Nou kwè gen 2 kalite peche : Premye peche a oswa de-

pravasyon an, ak peche kounye oswa peche nou toujou fè.

Nou kwè premye peche a oswa depravasyon an, se sa ki gate ak ki kontamine tout pitit Adan yo, akoz sa tout limanite te ale lwen sa ki bon, oswa eta ki bon nèt premye paran nou yo te ye nan moman yo te fenk kreye. Koripsyon sa se lènmi Bondye. San lavi espirityèl li, li panche nan mal sa san rete. Nou kwè premye peche a kontinye ap viv nan nou, menm lè lavi nou rejenere (repare) jiskake kè nou pirifye nèt pa mwayen batèm Sentespri a.

Nou kwè premye peche a pa menm jan ak peche moun fè kounye a, se yon bagay nou eritye, e se pa nou menm ki reskonsab sa jiskaske nou neglije remèd Bondye bay la pou geri nou nan eta peche sa.

Nou kwè peche kounye a oswa sa moun toujou ap fè a, se yon dezobeyisans lalwa Bondye a moun fè ak tout volonte yo, e se yo menm ki reskonsab sa a. Nou pa dwe konfonn yo ak defo ki pa soti nan volonte, oswa sa nou pa ka evite yo, tankou maladi yo, erè yo, fot yo, echèk yo ak lòt chit yo, ki fè nou pèdi liy kondwit san mank. Men jan de bagay sa yo pa gen ladan yo atitid osinon repons ki kontrè ak Lespri Kris la ki kapab rele peche lespri yo. Nou kwè peche moun fè yo se yon dezobeyisans lalwa renmen Bondye bay la ; e an fas Kris la pechea kapab defini tankou enkredilite.

Premye Peche a : Jenèz 3 ; 6.5 ; Jòb 15.14 ; Sòm 51.5 ; Jeremi 17.9-10 ; Mak 7.21-23 ; Women 1.18- 25 ; 5.12-14 ; 7.1—8.9 ; 1 Korentyen 3.1-4 ; Galat 5.16-25 ; 1 Jan 1.7-8. Peche moun fè : Matye 22.36-40 (ak 1 Jan 3.4) ; Jan 8.34-36 ; 16.8-9 ; Women

3.23 ; 6.15-23 ; 8.18-24 ; 14.23 ; 1 Jan 1.9—2.4 ; 3.7-10.

6. Lè peche yo efase (Ekspiyasyon).

Nou kwè Jezikris, kòz soufrans li yo, kòz pwòp san li, kòz lanmo li sou lakwa, li efase tout peche lom e gras sa se sel mwayen Sali, li sifi pou chak moun ki na ras Adan. Ekspiyasyon sa a bon pou sove moun ki pa t responsab e timoun imosan, men li efikas pou sove moun sa yo ki gen laj pou pran responsabilite yo sèlman lè yo tounen vin jwenn Bondye e lè yo kwè nan li.

Ezayi 53.5-6, 11 ; Mak 10.45 ; Lik 24.46-48 ; Jan 1.29 ; 3.14-17 ; Travay 4.10-12 ; Women 3.21-26 ; 4.17-25 ; 5.6-21 ; 1 Korentyen 6.20 ; 2 Korentyen 5.14-21 ; Galat 1.3-4 ; 3.13-14 ; Kolosyen 1.19-23 ; 1 Timote 2.3-6 ; Tit 2.11-14 ; Ebre 2.9 ; 9.11-14 ; 13.12 ; 1 Pyè 1.18-21 ; 2.19-25 ; 1 Jan 2.1-2.

7. Gras ki avèti a oubyen Gras ki te dispoze davans lan.

Nou kwè kreyasyon ras lom nan nan limaj Bondye ki te enplike fakilte pou chwazi ant byen ak mal la. Moun yo te kreye pou yo te de moun moral responsab ; nou kwè chit Adan an li lakoz gran depravasyon telman yo pa ka fè bak anko kounye a, ni prepare yo yo menm avèk fòs natirel pa yo ak pwòp travay pa yo pou rive nan konfyans ak rele Bondye. Nou kwè tout moun, menm si l fè eksperyans rejenerasyon ak sanntifiksyon antye a, kapab pèdi favè Bondye epi retounen nan lemoun ankò, e si l pa ta retounen vin jwenn Bondye ankò pou li delivre anba peche l yo, l ap pèdi sans espwa e pou toutan.

*Sanble ak Bondye se yon reskonsablite moral :
Jenez 1.26-27 ; 2.16-17 ; Detewonòm 28.1-
2 ; 30.19 ; Jozye 24.15 ; Sòm 8.3-5 ; Ezayi
1.8-10 ; Jeremi 31.29-30 ; Ezekyèl 18.1-4 ;
Miche 6.8 ; Women 1.19- 20 ; 2.1-16, 14.7-
12 ; Galat 6.7-8. Feblès natirèl : Job 14.4 ;
15.14 ; Sòm 14.1-4 ; 51.5 ; Jan 3.6a ;
Women 3.10-12 ; 5.12-14, 20a ; 7.14 -25.
Kado Lagras ak zèv lafwa yo : Ezekyèl 18.25-
26 ; Jan 1.12-13 ; 3.6b ; Travay 5.31 ;
Women 5.6-8, 18 ; 6.15-16, 23 ; 10.6-8 ;
11.22 ; 1 Korentyen 2.9-14 ; 10.1-12 ;
2 Korentyen 5.18-19 ; Galat 5.6 ; Efezyen
2.8-10 ; Filipyen 2.12-13 ; Kolosyen 1.21-
23 ; 2 Timote 4.10a ; Tit 2.11-14 ; Ebre
2.1-3 ; 3.12-15 ; 6.4-6 ; 10.26-31 ; Jak
2.18- 22 ; 2 Pyè 1.10-11, 2.20-22.*

8 Repantans la. Nou kwè repantans se yon chanjman sensè ak radikal ou fè nan lespri sou peche, li gen ladan l regrèt ak abandon volonte peche a ; repantans egzije moun ki peche swa pa mwayen panse yo, swa pa aksyon yo pou yo rekonèt se kont Bondye yo peche. Lespri Bondye bay tout moun ki vle repanti sekou ak mizerikòd e li pèmèt yo kwè nan padon ak lavi Bondye bay.

*2 Kwonik 7.14 ; Sòm 32.5-6 ; 51.1-17 ;
Ezayi 55.6-7 ; Jeremi 3.12-14 ; Ezekeyèl
18.30-32 ; 33.14-16 ; Mak 1.14-15 ; Lik
3.1-14 ; 13.1-5 ; 18.9-14 ; Travay 2.38 ;
3.19 ; 5.31 ; 17.30-31 ; 26.16-18 ; Women*

2.4 ; 2 Korentyen 7.8-11 ; 1 Tesalonisyen 1.9 ; 2 Pyè 3.9.

9 **Jistifikasyon, rejenerasyon ak adopsyon.** Nou kwè jistifikasyon an se mizerikòd ak jistis Bondye a. Avèk sa li bay bon jan padon ak bon jan delivrans pou penn peche yo lom fe ; li aksepte, tout moun sa yo ki kwè nan Jezikris epi ki resevwa li tankou Senyè ak Sovè.

Nou kwè rejenerasyon an oubyen nouvèl nesans la, se travay mizerikòd Bondye a, ladan l nati moral kwayan ki repanti a jwenn lavi, li jwenn yon lavi tout bon ki gen konfyans, renmen ak obeyisans.

Nou kwè adopsyon an se yon ak mizerikòd Bondye, ladan l kwayan an jistifye, rejenere epi li vin pitit Bondye.

Nou kwè jistifikasyon an, rejenerasyon an ak adopsyon, an yo tout jwenn lavi nan esperyans moun k ap viv lavi Bondye a ki depan nan konfyans la. Sentespri rann temwanyaj pou travay sa ak eta lagras sa.

Lik 18.14 ; Jan 1.12-13, 3.3-8, 5.24 ; Travay 13.39 ; Woman 1.17, 3.21-26, 28 ; 4.5-9, 17-25 ; 5.1, 16-19 ; 6.4 ; 7.6 ; 8.1, 15-17 ; 1 Korentyen 1.30 ; 6.11 ; 2 Korentyen 5.17-21 ; Galat 2.16-21 ; 3.1-14, 26 ; 4.4-7 ; Efezyen 1.6-7 ; 2.1, 4-5 ; Filipyen 3.3-9 ; Kolosyen 2.13 ; Tit 3.4-7 ; 1 Pyè 1.23 ; 1 Jan 1.9 ; 3.1-2, 9 ; 4.7 ; 5.1, 9-13, 18.

10 **Sanktifikasyon ki bon nèt la.** Nou kwè sanktifikasyon antye a se travay Bondye apre rejenerasyon an, nan li kwayan yo libere nan peche orijinel la oubyen depravasyon an ak rive nan eta pou konsare yo net pou Bondye nan sent obeyisans la, nan renmen ki bon nèt la a.

Li fèt nan batèm Sentespri a ak li anbrese nan menm esperyans la, pirifikasyon kè peche a e nan prezans regilye ak entim Sentespri a kap fòtifye kwayan pou lavi ak sèvis la.

Sanktifikasyon ki bon nèt la a fèt avèk san Jezi a, li fèt byen nan konfyans ki mache anvan konsekrasyon antye a, Sentespri a rann temwanyaj travay sa ak eta lagras sa a.

Yo konnen esperyans sa tou sou plizyè non ki reprezante diferan fraz tankou : « Pefeksyon kretyèn nan », « renmen ki bon nèt la », « pite nan kè a », « batèm Sentespri a », « plenitid benediksyon an », ak « sentete kretyen an ».

Nou kwè gen gran diferans ant yon kè pi ak yon karakte pi. Ou jwenn premye a byen vit, se rezilta sanktifikasyon an ; dezyem nan se rezilta nan lagras la.

Nou kwè nou jwenn dezi pou grandi nan lagras nou jwenn nan satisfaksyon total kapital la. Poutan, moun ki gen dezi sa dwe gen konsysans de sa a, e le dwe bay kondisyon yo ansam ak wout ki mennen nan developman espiriyèl la anpil atansyon li dwe fè amelyorasyon nan karaktè a ak nan pèsonalite a ki dwe sanble ak Kris la. Si pa gen yon efò konsa ki fèt jan l dwe fèt la, temwayaj la kapab vin febli e gras la li menm ki vin pa byen chita kapab vin pèdi.

Jerermi 31.31-34 ; Ezekyèl 36.25-27 ; Malachi 3.2-3 ; Matye 3.11-12 ; Lik 3.16-

17 ; Jan 7.37-39 ; 14.15-23 ; 17.6-20 ; Travay 1.5 ; 2.1-4 ; 15.8-9 ; Woman 6.11-13, 19 ; 8.1-4, 8-14 ; 12.1-2 ; 2 Korentyen 6.14—7.1 ; Galat 2.20 ; 5.16-25 ; Efezyen 3.14-21 ; 5.17-18, 25-27 ; Filipyen 3.10-15 ; Kolosyen 3.1-17 ; 1 Tesalonisyen 5.23-24 ; Ebre 4.9-11 ; 10.10-17 ; 12.1-2 ; 13.12 ; 1 Jan 1.7, 9. Pèfeksyon kretyen, renmen ki bon nèt la : Detewonòm 30.6 ; Matye 5.43-48 ; 22.37-40 ; Woman 12.9-21 ; 13.8-10 ; 1 Korentyen 13 ; Filipyen 3.10-15 ; Ebre 6.1 ; 1 Jan 4.17-18. Netwayaj kè a : Matye 5.8 ; Travay 15.8-9 ; 1 Pyè 1.22 ; 1 Jan 3.3. Batèm Sentespri a : Jeremi 31.31-34 ; Ezekyèl 36.25-27 ; Malachi 3.2-3 ; Matye 3.11-12 ; Lik 3.16-17 ; Travay 1.5 ; 2.1-4 ; 15.8-9. Tout Benediksyon nèt : Women 15.29. Sentete kretyen an : Matye 5.1—7. 29 ; Jan 15.1-11 ; Women 12.1—15. 3 ; 2 Korentyen 7.1 ; Efezyen 4.17—5.20 ; Filipyen 1.9-11 ; 3.12-15 ; Kolosyen 2.20—3.17 ; 1 Tesalonisyen 3.13 ; 4.7-8 ; 5.23 ; 2 Timote 2.19-22 ; Ebre 10.19-25 ; 12.14 ; 13.20-21 ; 1 Pyè 1.15-16 ; 2 Pyè 1.1-11 ; 3.18 ; Jid 20-21.

11 Legliz.

Nou kwè nan legliz, kominote ki rekonet Jezikris kon Senyè a, pèp alyans Bondye fè vin nouvo nan Kris la. Tout moun ki nan kò Kris la rele ansanm Sentespri a pa mwayen pawol la.

Bondye rele legliz pou temwaye lavi li a nan linite ak kominyon Lespri a, nan adorasyon pa predikasyon Pawol la, nan obsevasyon sakreman yo ak nan ministe nan non li, pa obeyisans nan Kris la ak reskonblite youn lòt.

Misyon legliz nan mond lan se pou kontinye travay sali Kris la nan pisans Lespri a pa mwayen lavi sent lan, evanjelisasyon an, fòmasyon disip yo ak sèvis yo.

Legliz se yon reyalite nan istwa a ki oganize nan fom kiltirel yo sou kondisyon. Li la ni sou fom kò inivesel ak tankou asanble lokal ; li mete apa moun Bondye rele yo pou ministe yo espesyal yo. Bondye rele legliz pou l viv anba lwa l pandan l ap tann Jezikris senyè nou an vivi.

Egzod 19.3 ; Jer 31.33 ; Matye 8.11 ; 10.7 ; 16.13-19, 24 ; 18.15-20 ; Jan 17.14-26 ; 20.21-23 ; Travay 1.7-8 ; 2.32-47 ; 6.1-2 ; 13.1 ; 14.23 ; Woman 2.28-29 ; 4.16 ; 10.9-15 ; 11.13-32 ; 12.1-8 ; 15.1-3 ; 1 Korentyen 3.5-9 ; 7.17 ; 11.1, 17-33 ; 12.3, 12-21 ; 14.26-40 ; 2 Korentyen 5.11—6.1 ; Galat 5.6, 13-14 ; 6.1-5, 15 ; Efezyen 4.1-17 ; 5.25-27 ; Filipyen 2.1-16 ; 1 Tesalonyen 4.1-12 ; 1 Timote 4.13 ; Ebre 10.19-25 ; 1 Pyè 1.1-2, 13 ; 2.4-12, 21 ; 4.1-2, 10-11 ; 1 Jan 4.17 ; Jid 24 ; Revelasyon 5.9-10.

12 **Batèm nan.** Nou kwè batèm kretyen an, sou lòd Senyè a, se yon sakreman ki vle di nou aksepte benefis yo ki soti nan travay Jezikris te fè sou lakwa pou efase peche nou yo, ki dwe pou kwayan yo sou deklarasyon yo konfyans yo nan Jezikris kom

Sovè ak bon entansyon obeyisans yo nan sentete ak jistis la.

Batèm se senbòl Nouvo Testaman an, jenn timoun yo kapab batize sou demand paran ou lòt reskonsab ki asire l ap ba yo fòmasyon kretyen ki nesesè.

Yo kapab fè batèm nan swa pa aspèsyon, swa pa vèsman oubyen pa imèsyon selon jan moun k ap batize a vle l la.

Matye 3.1-7 ; 28.16-20 ; Travay 2.27-41 ; 8.35-39 ; 10.44-48 ; 16.29-34 ; 19.1- 6 ; Women 6.3-4 ; Galat 3.26-28 ; Kolosyen 2.12 ; 1 Pyè 3.18-22.

13 **Soupe Senyè a.** Nou kwè sentsènn nan te kòmanse avèk Senyè Sovè Jezikris nou an. Li esansyèlman yon sakreman Nouvo Testaman an ki deklare montre sakrifis lanmò li. Granmesi Jezikri, yo genyen lavi ak sali a, ak pwomès pou benediksyon espirityèl yo nan Kris la. Sakreman konsene sèlman moun ki prepare yo nan apresye l avèk respe nan siyifikasyon li e avèk sa li anonse lanmo Senyè a jiskake li retounen. Kòm manje Senyè a sèlman moun ki kwè nan Kris la e ki gen renmen pou sen yo ki ta dwe patisipe.

Egzòd 12.1-14 ; Matye 26.26-29 ; Mak 14.22-25 ; Lik 22.17-20 ; Jan 6.28-58 ; 1 Korentyen 10.14-21 ; 11.23-32.

14 **Gerizon Bondye a.** Nou kwè nan gerizon Bondye konn fè ki ekri nan doktrin ki gen nan Bib la, nou ankouraje manm nou yo pou efòse yo lapriye ak konfyans pou gerizon malad yo. Nou kwè tou Bondye konn geri pa mwayen doktè.

2 Wa 5.1-19 ; Sòm 103.1-5 ; Matye 4.23-24 ; 9.18-35 ; Jan 4.46-54 ; Travay 5.12-16 ; 9.32-42 ; 14.8-15 ; 1 Korentyen 12.4-11 ; 2 Korentyen 12.7-10 ; Jak 5.13-16.

15 Dezyèm vini Kris la.

Nou kwè Senyè Jezikris pral vini, nou kwè tou moun kap vivan toujou nan moman retou sa a pap devanse moun ki deja mouri nan Jezikris yo. Men si nou rete, n ava gen pou nou ale ansanm avèk sen ki te leve soti byen vivan nan lanmo pou rankontre Senyè a anle a konsa n ap toujou avèk li.

Matye 25.31-46 ; Jan 14.1-3 ; Travay 1.9-11 ; Filipyen 3.20-21 ; 1 Tesalonisyen 4.13-18 ; Tit 2.11-14 ; Ebre 9.26-28 ; 2 Pyè 3.3-15 ; Revelasyon 1.7-8, 22.7-20.

16 Rezireksyon an, jijman, ak dènye fen an.

Nou kwè nan rezireksyon mò yo. Kò jis yo ak mechan yo va leve pou retounen anko nan lespri yo. Moun ki te fè sa ki byen ap leve pou lavi, moun ki fè sa ki mal yo ap leve pou jijman.

Nou kwè nan jijman ki gen pou vini kote chak moun ap gen pou parèt devan Bondye pou yo jije dapre zèv yo.

Nou kwè nan lavi gloriye ak pou toutan an, li asire pou tout moun ki kwè nan sali nan Jezikris Seyè a, swiv li nan obeyisans, e pechè yo ki mouri san resevwa padon peche yo pral soufri pou toutan nan lanfè.

Jenèz 18.25 ; 1 Samyèl 2.10 ; Sòm 50.6 ; Ezayi 26.19 ; Danyèl 12.2-3 ; Matye 25.31-46 ; Mak 9.43-48 ; Lik 16.19-31 ; 20.27-

38 ; Jan 3.16-18 ; 5.25-29 ; 11.21-27 ; Travay 17.30-31 ; Woman 2.1-16 ; 14.7-12 ; 1 Korentyen 15.12-58 ; 2 Korentyen 5.10 ; 2 Tesalonisyen 1.5-10 ; Revelasyon 20.11-15 ; 22.1-15.

CHAPIT 4

FASON NOU ÒGANIZE NOU

Li enpòtan pou yon legliz gen bon lidè ak yon bon òganizasyon. Pandan yo te bay yon devwa nan yon lekòl primè, yo te mande elèv yo ki sa yo t ap fè si yo ta tonbe nan yon zile ki pa gen pyebwa ak dlo ladan li. Apre yo te fin fè ti pale sou nesesite pou yo ta gen manje, dife ak ti tant pou yo rete, tout timoun te vin dekouvri sa yo t ap plis gen bezwen se pou ta gen lidèchip nan mitan yo ak yon bon òganizasyon tou.

Jezi te konprann sa byen, lè nou li pawòl ki nan Mak 6.34 « Donk, lè Jezi debake, li wè yon gwo foul. Kè l fè l mal pou yo, paske, yo te tankou mouton san bèje. Alò, li te kòmanse anseye yo anpil bagay ».

Nan chapit sa a, n ap egzamine sistèm òganizasyon Legliz Nazareyen an. N ap pale sou 3 pwen esansyèl sa yo : lidèchip, finans ak ministè yo.

Lidèchip

Dapre listwa, genyen 3 tip fondamantal pou gouvènman legliz yo.

Premyèman, genyen legliz episkopal, yo nommen evèk yo pou yo gouvènen yo. Se yo menm tou ki pran desizyon ki pi enpòtan pou legliz yo. Se yo menm ki nommen pastè yo. Fidèl yo pa gen dwa deside sou zafè legliz la. Ou jwenn tip gouvènman sa yo nan Legliz Katolik Women ak nan Legliz Òtodòks yo tou. Ou jwenn li tou nan Legliz Episkopal yo, nan ka sa a, fidèl yo plis kapab deside sou zafè legliz yo e yo patisipe tou nan nonmen evèk yo.

Modèl kongregasyon an, se batis ak legliz endepandan ki adopte li. Nan ka sa a, manb yo ak pastè legliz lokal yo gen tout otorite. Chak legliz yo endepandan youn ak lòt ; pa vrèman gen kowòdinasyon nan mitan yo, menm lè yo soti nan yon menm denominasyon. Yo chak fè sa yo vle paske youn pa depann de lòt nan mond la. Tout legliz sa yo kapab òganize asanble jeneral ant yo menm, men legliz lokal yo pa oblije respekte desizyon ki pran yo.

Modèl presbitè a, se yon tip ki reprezantab. Li pa gen evèk ladan li. Legliz lokal yo fè pati yon gwo asanble, e moun ki reprezante yo se prèt ki sou tèt fidèl yo. Gwoupman sa a, nonmen delege yo nan asanble jeneral la. Gwoupman ki pi ba yo, tankou legliz lokal yo dwe respekte desizyon ki pran yo. Prèt la ak fidèl yo mete tèt yo ansanm pou gouvènen legliz la. Legliz Presbitè yo ak Legliz Refòme yo òganize yo dapre modèl sa a.

Legliz Nazareyen òganize tèt pa li dapre 3 modèl sa yo, tankou anpil legliz wesleyèn fè tou. Nan modèl ki pou episkopal, Legliz Nazareyen li vini ak yon mo ki se sirintandan distri ak sirintandan jeneral. Men nan Legliz Nazareyen, yo nonmen responsab sa yo pou yon tan ki byen espesyal e yo kapab nonmen yo pou yo kontinye manda yo. Pou modèl presbitè a, Nazareyen yo adopte prensip asanble a ki genyen ladan asanble pou distri an ak asanble jeneral ki mare ansanm. Pou modèl kongrasyon an, Legliz Nazareyen bay dwa pou legliz lokal yo nonmen pwòp pastè pa yo. Manm legliz la patisipe e yo jwe yon wòl nan chak 3 nivo sa yo ki genyen nan legliz la : lokal, distri ak jeneral.

Legliz la nan nivo entènasyonal

Nan nivo Entènasyonal, gen 6 sirintandan jeneral k ap dirije Legliz Nazareyen. Yo nonmen pou 4 lane. Yo chak reskonsab yon distri nan mond la nan kad travay misyonè a. Chak sirintandan jeneral jwe wòl konseye tou nan plizyè depatman. Yon sirintandan jeneral reponsab tou pou dirije reyinyon chak Asanble pou distri yo.

Yo nonmen sirintandan jeneral yo nan moman Asanble jeneral yo. Asanble sa a reprezante konsèy ki plase pou pran tout pi gwo desizyon pou legliz la. Li genyen ladan li delege ministeryèl ak manm legliz yo ki sòti nan distri ki tout kote sou latè. Tout gwo desizyon yo ak chanjman konstitisyon fèt nan moman asanble jeneral la. Tout legliz la nèt dwe koube anba tout prensip ak akò ak tout chanjman ki fèt yo.

Anpil bagay ki konsènen legliz la anjeneral, regle nan katye jeneral legliz entènasyonal ki twouve li nan lavil Kansas City, nan eta Missouri, Ozetazini, kote yo reyini ansanm pou yo fè konnen tout enfòmasyon ak tout resous ki genyen pou distri yo ak pou tout legliz patou sou latè.

Katye jeneral entènasyonal la gen ladan li kounye a 3 depatman (Misyon mondyal / Evanjelizasyon, Misyon an / Evanjelizasyon Ozetazini ak Okanada, ak Sèvis lekòl Dimanch yo) ak 3 biwo jeneral yo (Sekretarya jeneral la, Seksyon jeneral pou finans ak Konsèy entènasyonal ki responsab edikasyon).

Misyon mondyal / Evanjelizasyon. Depatman reponsab travay misyonè legliz la tabli kò li nan anpil kote sou latè. Li sipèvize travay misyonè legliz la fè, kowòdone ekip travay yo ak travay misyonè Entènasyonal Konpasyon an. Misyon Nazareyen Entènasyonal ki ede depatman, se yon pati kote yo travay sou pwogram soutyen pou misyon yon nan nivo lokal, distri an ako nivo mondyal.

Misyon an / Evanjelizasyon Ozetazini ak Okanada. Depatman sa a kontwole travay k ap fèt Ozetazini ak Okanada yo okipe travay evanjelizasyon, sèvis prèt la reponsab yo, moun ki reskonsab sèvis chapèl yo ak ministè kiltirèl yo. Li soutni tou ministè Konpasyon an e li kolabore ak sirintandan distri yo Ozatazini ak Okanada nan devlope estrateji pou misyon legliz la.

Sèvis lekòl dimanch yo. Depatman ki reskonsab pou fè etid pou moun ki gen tout laj yo, tankou pou: timoun, jèn, granmoun ak pou pi granmoun yo. Li reskonsab tou pou fè fòmasyon pou fidèl yo, e pou prepare anpil dokiman sou fòmasyon disip.

Sekretarya jeneral la. Kesyon ki gen rapò ak lajistis ak tout Legliz Nazareyen tout kote, se fonksyonè ki rekonsab operasyon jeneral sa yo ki nan sekretarya jeneral nan katye jeneral entènasyonal la ki trete yo. Biwo sa a klase rapò yo, estatistik yo ak achiv ministeryèl Legliz Nazareyen. Li reskonsab relasyon yo fè deyò legliz la ak ajans laprès tou. Li ede nan pwosesis pou fè moun travay, nan lòt negosiyasyon ak nan nouvèl teknoloji.

Seksyon finans jeneral. Li responsab finans nan nivo katye jeneral entènasyonal, li reskonsab pou resevwa lajan nan enterè jeneral e pou distribye yo jan konsèy jeneral la mande pou fè sa. Li jere administrasyon legliz lokal yo ak tout lajan antrepriz, lòt konpayi ak òganizasyon ofri legliz la.

Konsèy entènasyonal pou edikasyon. Konsèy sa a se yon responsab edikasyon k ap dirije l, konsèy sa a ap travay nan tèt ansanm ak enstitisyon Nazareyen ki reskonsab pou mete sou pye yon pwogram ansèyman ki pi wo pase sa ki nan lekòl segondè yo tout kote sou latè. Li fè tout jefò li kapab pou ede lekòl yo jwenn sa yo bezwen nan nenpòt domèn, menm nan zafè finans tou. L ap kowòdone konferans tewolojik ak dire sesyon pou pwofesè yo nan inivèsite nou yo, e li chache mwayen tou ki pèmèt pwofesè nan lekòl nazareyen ki nan peyi devlope yo asiste sa yo ki nan peyi ki sou wout pou devlope.

Legliz la onivo distri a

Legliz Nazareyen tabli kò li nan plizyè distri sou latè. Yon distri gen a latèt li yon sirintandan, li la pou sipèvize legliz yo fèk fonde yo, chwa pastè yo ak kowòdinasyon aktivite nan distri an. Li responsab zafè espirityèl ak ankourajman nan distri faz 3 yo (kote distri finanse 100 pousan administrasyon an), yo nonmen sirintandan distri pandan reyinyon asanble ki fèt nan distri an. Reprezantan tout legliz yo reyini yon fwa nan lane a pou yo tande rapò sirintandan distri an prepare, pastè yo ak ministè distri yo.

Pandan lane sa a, konsèy konsiltasyon distri an ki gen ladan li menm kantite fidèl ak pastè, yo reyini ak sirintandan distri a pou kowòdone aktivite distri an. Se asanble distri a ki nonmen manm konsèy konsiltasyon an. Nou prezante yon lis ki gen ladan li kèk objektif legliz la genyen nan nivo distri a.

- Tande pawòl ankourajman moun sa yo k ap chache mwayen pou sèvi kòm pastè san lòt okipasyon. Nou rele sa *Konsèy kreyans ministeryèl*.

- Nan fonde legliz tou nèf ak nonmen lidè yo, soutyen nan zafè lajan ak espirityèl pou ti legliz yo ak lidè yo ki pa kapab soutni tèt yo. Nou rele sa *Konsèy misyon enteryè*.

- Diskisyon pou yo ta dakò osnon pa dakò sou zafè ki konsènen konstriksyon legliz la, achte gwo lokal ak peye dèt. Yo konnen yo tankou *Konsèy jerans pwopriyete*.

- Ankouraje legliz lokal yo grandi nan domèn lekòl dimanch. Nou rele sa *Konsèy ministè lekòl dimanch*.

- Kowòdone aktivite pou jèn ki nan legliz nou yo ak aktivite pou timoun yo ak pou granmoun yo. Sa nou rele *Lajenès nazareyèn entènasyonal*.

- Enfòmasyon, enspirasyon ak entegrasyon lòt moun nan kad objektif nou genyen pou misyon an tout kote sou latè. Sa nou rele *Misyon nazareyèn entènasyonal*.

Legliz nan nivo lokal

Lidè espirityèl legliz lokal la se pastè a. Se manm yo ki nonmen li e li dwe prezante chak tan devan konsèy legliz la nan kolaborasyon ak sirintandan distri a pou evalyasyon. Apre sa konsèy la apwouve Pastè a nan fonksyon l ap ranpli yo, oswa yo prezante li devan kominote a pou yon lòt eleksyon. 2 gwo responsablite ki nan travay pastè a :

- Administrasyon an avèk reprezantasyon distri a ak legliz entènasyonal la ; dirije konsèy legliz la ak ; kowòdone pwogram legliz yo.

- Lidè a avèk preche pawòl la ; pèmèt konfyans moun ki kwè yo vin pi fèm ; reponn ak bezwen espirityèl legliz la.

Travay prensipal pastè a se pou sèvi kòm yon gid espirityèl pou legliz la. Menm jan li di nan Bib la :

> *Pou ansyen ki pami nou yo, kòm se ansyen mwen ye menm jan avèk yo, kòm mwen temwen soufrans Kris la, e kòm m ap patisipe nan glwa ki pral parèt la tou, men sa m ap ankouraje yo fè : Pran swen mouton Bondye ki pami nou yo, veye sou yo ! Pa fè paske yo fòse nou, men fè l paske nou vle. Pa fè l an magouyè nonplis, men, fè l ak tout kè nou. Nonplis tou, pa fè l tankou yon diktatè sou moun ki sou kont nou yo, men, fè l tankou bèje mouton yo. Epi lè Bèje an Chèf la va parèt, li va rekonpanse nou ak yon kouwòn glwa, yon kouwòn ki pa ka fennen.* 1 Pyè 5.1-4

Anpil legliz genyen lidè ki asosye. Se pastè a ki nonmen moun sa yo, aprè sirintandan distri a fin dakò ak li, epi tou konsèy legliz la dwe vote yo tou. Se pastè a ki kontwole reskonsablite moun sa yo.

Komite legliz la se ògann k ap deside pou legliz la. Moun k ap travay nan konsèy legliz la se manm yo ki nonmen yo chak lane. Moun sa yo se :

1. Gid espirityèl kap bay bon jan egzanp nan legliz la tankou sou la priyè, sou jan yo gen konfyans nan Bondye, sou renmen ak lajwa.

2. Lidè k ap travay pou kwasans legliz la, kap planifye sou devlopman li ak evanjelizasyon li ; epi

3. Lidè kap jere zafè lajan, ki reskonsab kowòdinasyon ak bon kontwòl tout pwogram yo, resous lajan ak kès legliz la.

Pastè a, lidè asosye yo ak manm konsèy legliz la dwe chache pou yo vin miyò nan lavi kertyèn yo jan Bib la mande sa. Nou jwenn egzijans sa yo nan 1 Timote 3.1-13 ak nan Tit 1.5-9. N ap jwenn tout pawòl sa yo nan finisman chapit sa nan pwen ki rele « lidèchip legliz la ».

Konsèy lekòl dimanch lan genyen ladan li yon prezidan ak kèk reprezantan legliz lokal la ; se manm yo ki nonmen yo. Reskonsablite prensipal yo se pou yo siveye ak ankouraje kwasans lekòl dimanch la. Yo kontwole tou tout pwogram yo soti depi nan ti bebe, timoun pou rive nan jèn ak granmoun.

Manm legliz yo fòme ògan ofisyèl ak fanmi legliz la. Tankou manm, nou pran reskonsablite pou se nou menm ki « legliz la » epi ki « fè travay legliz la ».

Tout manm ki gen laj 15 zan oubyen plis kapab vote pou :

- Nonmen yon pastè,
- Nan eleksyon pou reskonsab legliz yo, ki gen ladan li konsèy legliz la, prezidan Konsèy lekòl didimanch la, prezidan Misyon nazareyen entènasyonal la, prezidan Lajenès nazareyen entènasyonal la ak reprezantan asanble distri a, epi

- Achte ak vann tout kay ak lòt byen.

Sa ki pi enpòtan nan tout travay ofisyèl yo, se patisipasyon manm yo nan bay lajan pou legliz lokal la, nan travay legliz la ak nan fason y ap fè sèvis Jezikris nan mitan moun ki kwè yo. Deklarasyon yo toujou li devan tout kominote kwayan yo lè gen moun k ap fenk vin manm di konsa :

> *Byenneme. Privilèj ak benediksyon ki soti nan kominyon fratènèl nou genyen nan legliz Jezikris la se yon seri bagay ki gen anpil valè. Se yon seri kominyon ki gen anpil benediksyon, moun pa ka jwenn li lòt jan. Nenpòt moun ap jwenn yon moun k ap pran ka li oswa k ap ba li konsèy, yon bagay w ap jwenn sèlman nan legliz la.*
>
> *Genyen tou sa nou rele swen pastè yo, ak ansèyman pawòl la, fason nou adore ansanm ak fason nou mete tèt nou ansanm pou nou fè sèvis yo, yon pakèt bagay ki pèmèt yon seri mèvèy ki pa t ap kapab rive lòt jan. Doktrin ki chita nan baz fondasyon legliz la, yo esansyèl pou nou nan esperyans kretyen nou epi yo tou kout.*
>
> *Nou kwè nan Bondye Papa a, Pitit la ak Sentespri a. Nou mete aksan espesyalman sou Jezikris ki se Bondye ak Sentespri a ki se yon pèsòn.*
>
> *Nou kwè tout moun fèt ak nati peche, yo bezwen padon Kris la pou yo fèt yon lòt fwa*

granmesi Sentespri a ; nou kwè tou nan travay netwayaj kè a ak nan sanktifikasyon san mank granmesi Sentespri a ki sèvi kòm yon temwayaj pou chak bagay sa yo.

Nou kwè Senyè nou an ap tounen, mò yo ap soti leve nan lanmò, pou nou tout gen al sibi jijman dènye a, pou jwenn rekonpans oswa chatiman nou merite.

Èske w kwè nan verite sa yo ak tout kè w ? Si se wi reponn : « Wi, mwen kwè ».

Èske w rekonèt Jezikris kòm sèl Sovè w epi èske ou reyalize li sove w kounye a ? Repons : « Wi ».

Kòm yon moun ki vle vin manm Legliz Nazareyen an, èske w pwomèt pou w viv nan kominyon fratènèl, ak pou w kite Bondye travay nan ou jan sa tabli nan règleman jeneral ak espesyal Legliz Nazareyen an ? Èske w ap fè tout jefò ou kapab pou bay Bondye glwa nan konpòtman ou, nan bon kondwit ou ak nan fason w ap bay sèvis ki pwòp ; nan fason w ap bay selon mwayen w genyen ; nan chache viv nan fidelite tout gras Bondye yo ; nan kouri pou tout sa ki mal. Èske w ap fè tout sa ou kapab pou travay pou sentete kè ou ak pou w viv nan krentif pou Senyè a ? Repons : « Wi ».

Mwen swete ou byenvini nan legliz sa a, nan kominyon ak lòt manm yo, nan reskonsablite yo ak nan privilèj yo. Se pou chèf legliz la beni w ak gade w, se pou l fè ou kapab rete fidèl nan fè sa ki bon ; se pou lavi w kapab sèvi kòm yon bon temwanyaj pou mennen lòt yo vin jwenn Kris.

Atitid nan linite

Nou ka genyen pi bon lidèchip ak pi bon òganizasyon san nou pa fè pwogrè pou wayòm Kris la. Lidèchip la, òganizasyon an ak manm legliz lokal yo dwe kenbe yon bon atitid espirityèl. E se sa a nou rele *atitid nan linite a*.

Donk, mwen menm ki se prizonye nan Senyè a, m ap ankouraje nou mache yon jan ki konfòm ak appèl nou te resevwa a. Mache avèk tout imilite nou ak tout dousè nou, epi avèk pasyans. Se pou youn sipòte pou lòt nan lamou. Fè dilijans pou nou kenbe inyon Lespri a, kote se lapè ki mare nou ansanm. Gen yon sèl kò ak yon sèl Lespri. Konsa tou, Bondye te rele nou pou sèl esperans ki nan apèl nou an. Gen yon sèl Senyè, yon sèl lafwa, yon sèl batèm, yon sèl ki Bondye epi ki Papa tout moun. Se li ki sou tèt tout moun, ki aji nan tout moun, epi ki nan nou tout. » (Efe 4.1-6)

Lajan

Nou kwè nan apwòch pozitif legliz la ak nan bezwen lajan li genyen yo. Nou pa kwè sèlman nan lide ki di pou « bay legliz la », men nou kwè ou dwe sitou « bay pou glwa Bondye »,

> *Paske, sèvis n ap rann sen yo ak zèv sa a, se pa sa yo bezwen sèlman li ba yo. Okontrè menm, l ap fè yo rann Bondye gras anpil. Sèvis sa a ap demontre NOU obeyi Bondye nan temwaye levanjil Kris la. L ap demontre se ak tout kè NOU, NOU patisipe nan ede yo menm, ni tout moun. E, poutèt sa, y a bay Bondye glwa.*
> (2 Korentyen 9.12-13)

Sa yo fè ak lajan

Gen yon pwosesis ki gen 3 etap nou genyen pou esplike depans legliz la. Men yo :

Bezwen Lòt yo genyen. Nou kòmanse ak kesyon sa a : « ki sa nou gen bezwen ? » Pinga nou neglije kesyon : « ki sa lajan kapab pèmèt nou fè pou lòt ? ». Men, nou kwè si bezwen nou genyen yo anpil, Bondye ap ban nou sa nou bezwen nan lè li dwe fè sa a, nan fason li vle fè sa a epi ak moun li vle fè sa a.

Bidjè a. Bidjè a reprezante soutyen lajan ki nesesè pou reponn ak bezwen asanble yo pamwayen ministè legliz yo. Bidjè a se yon bagay konsèy legliz la mete so sou li. Li gen ladan li pwen sa yo :

- Bay lòt yo (20 a 25 pousan bidjè a). Pwen sa gen ladan ofrann pou evanjelizasyon mondyal, ofrann etablisman anseynan siprye nazareyen yo, pou soutyen distri yo, lajan retrèt pou pastè ak misyonè yo ak lòt aksyon charite pou kominote lokal yo.

- Responsab lokal yo (50 a 60 pousan bidjè). Nou jwenn anndan li soutyen tout pwogam legliz yo.
- Lokal ak lòt pwopriyete yo (genyen 20 a 25 pousan bidjè). Li la pou peye dèt, tankou dlo, kouran, san bliye travay antretyen reparasyon ak lòt plan yo genyen.

Konfyans nou. Bezwen lajan nou prezante bay kominote a. Pamwayen konfyans sa a, lè chak manm soumèt devan Bondye, nou kwè bezwen yo ap satisfè. Jezi se Senyè tout moun ak tout sa ki nan legliz la. Se li menm tou ki Senyè tout lajan nou posede yo.

Ki kote lajan soti ?

Genyen 3 sous kote lajan soti nan pifò legliz lokal nou yo. Yo se :

Evènman espesyal yo. Reprezantan, gen yon repa espesyal, yon retrèt, yon sòti, yon aktivite gwoup ki mande yon ti kontribisyon.

Lajan espesyal yo bay. Yo gen ladan yo : 1) Lajan pou misyon yo ki tout kote sou latè, 2) Lajan ki rezève pou pwojè espesyal yo, ekipman yo ak lòt bagay espesyal ki pa fè pati bidjè sa a. 3) Lajan pou konstriksyon legliz oswa lòt pwojè.

Bonjan ladim ak ofrann yo. Pi gwo soutyen nou genyen nan zafè lajan soti nan bonjan ofrann moun yo bay. Nou dwe toujou bay regilyèman pou travay Bondye. Nou se yon legliz ki bay ladim. Li se yon dizyèm nan rekòlt nou. Nou bay ladim pou 3 rezon, *Devwa* :

Jezi rekòmande pou nou peye ladim (Matye 23.23) ; *Benediksyon an* : Bondye beni nou espirityèlman (Malachi 3.10) ; *renmen an* : se motivasyon ki pi fò ak ki pi ansyen konsènan ladim (Jenèz 14.20).

Nou envite ou menm ak tout fanmi ou pou lapriyè pou nou gen posiblite pou bay bonjan ofrann. Se pou Bondye gide ou nan desizyon espirityèl enpòtan sa a. Pou nou aprann plis sou ladim nan. Li atik ki nan dènye bout chapit sa a ki rele « genyen ladim nan pratik lavi ou ».

Sa se yon desizyon pèsonèl. Ou dwe swiv plan Bondye nan lavi ou. Labib kapab konvenk ou : « Chak moun dwe bay, jan yo deside nan kè yo, san regrèt, san fòse. Paske, Bondye renmen moun ki bay ak kè kontan » (2 Ko 9.7).

Ministè a

Se yon bagay ki mèveye lè ou genyen yon lidèchip ak yon òganizasyon ki chita sou volonte Bondye ki pale pamwayen pawòl li ak pèp li. Se yon bagay ki bon lè ou gen yon òganizasyon lajan ki chita sou bezwen kominote a ak anganjman pèp Bondye a, pou reponn ak bezwen ak konfyans. Men tout bagay sa yo se sèlman yon sipò yo ye pou sa nou konsidere kòm bon jan fonksyon legliz la :

- Nou plase pou nou fè ministè a mache, se pa pou fè gouvènman ak pou fè lidèchip.
- Nou plase pou nou fè ministè a, men se pa pou lajan ak bidjè yo.
- Nou plase pou nou fè ministè a, men se pa pou òganizasyon ak estrikti.

Men 3 fonksyon nan ministè a nou vle toujou kenbe yonn ak lòt :

Filè (Nas) evanjelizasyon an

Jezi rele pechè yo pou yo tounen « pechè moun » (Mat 4.19 ; Mak 1.17). Li anseye yo kouman pou yo fè moun pou wayòm Bondye a. Sa rele evanjelizasyon.

Nou jwenn kay yo ak lavi moun yo ki pa janm ale nan okenn legliz. Yo pa konnen anyen nan kantik espirityèl, fonksyònam ak prensip legliz yo. Se devwa nou kòm sèvitè Bondye pou nou envite moun sa yo nan wayòm Bondye a. Konsa n ap travay sou baz sa a ki se : *Toujou enterese nan tout bagay k ap pase nan lavi moun sa yo ki patisipe nan preparasyon pwogram legliz la.*

Se nan panse nou evanjelizasyon limite. Nou fè tout bagay sa yo ki anba a :

Fòmasyon ak seminè espesyal ki fèt nan tout kominote a pou kapab satisfè bezwen moun ki pa konn al legliz yo.

Pastè a prepare anpil mesaj pou moun sa yo ki pa konn al legliz ak ki pa li Labib fasil, pou ede yo kapab vin genyen yon relasyon pèsonèl ak Kris la.

Kèk fwa, nou òganize pwogram kote nou resevwa envite espesyal pou kapab atire moun sa yo ki pa mache legliz.

Nou genyen reyinyon espesyal ak revèy, ladan yo nou envite vwazinaj yo, manm fanmi nou yo ak zanmi nou pou tande mesaj Jezi ak kouman li renmen nou.

Bondye rele kèk moun legliz la pou yo vin « evanjelis », youn pa youn oswa angwoup. Yo travay ak zanmi, vwazinaj ak fanmi sou yon baz ki pèsonèl, oswa nan okazyon etid biblik ki fèt nan kay yo.

Anonse bon nouvèl la, se bati yon pon lanmou nan lespri pou nou kapab pataje ak yo bon nouvèl Jezikris la ak yo.

Liv pou edikasyon

Liv n ap pale la se Bib la. Li pa sifi sèlman pou prezante renmen Bondye a bay moun yo ; nou dwe anseye yon modèl lavi ki chite sou Bib la. Se sa ki kòmansman edikasyon kretyèn nan. Pwogram edikasyon kretyèn nou an chita sou pawòl sa a : *Sentespri a se pi gran anseyan. Li se fòs ki travay nan moun yo pou ede yo mennen yon lavi kretyèn k ap bay bon donn ki pozitif.*

Genyen plizyè metòd pou kòmanse kou edikasyon kretyèn legliz la :

- Pandan lekòl dimanch, nou dwe mete kou chak klas dapre laj yo ak enterè yo genyen, yo chak dwe mete aksan sou tout kalite aspè ak laverite lavi kretyèn nan ak bon konprann Labib la nan yon vizyon wesleyèn.

- Prèch pastè a fèt pou ede moun ki kwè yo grandi nan lavi espirityèl yo. Pa mwayen gwo verite yo ak pasaj ki nan Labib yo.

- Etid biblik fèt yon fwa chak semèn. Ladan li yo pale sou anpil sijè ak bagay ki enpòtan nan lavi kretyen an pou ede yo grandi.

- Nou pwofite moman espesyal pou nou òganize bèl pwogram tankou seminè oswa kou k ap ede lavi kretyen vin pi bèl chak jou.

- W ap jwenn legliz la ranpli ak kretyen ki gen matirite ki kapab edifye legliz la. Genyen ladan yo ki menm pare pou bay konsèy, pote ansèyman ak pou pataje sajès ki soti nan Bondye.

Baton pou ministè Konpasyon yo

Nan epòk Labib la, baton se te enstriman gadò a. Se ak li li pran swen mouton yo. Se lespri atansyon ki devlope lide youn ede lòt ak bon jan relasyon ki plen renmen nan legliz la. Pi bon deklarasyon nou jwenn nan Nouvo Kontra a ki mete aksan sou sa se « Lafanmi ». Ministè pou youn ede lòt ak bon relasyon ki egziste nan legliz nou an chita sou bagay sa a : *nou vle kreye yon bon anbyans, nan renmen lafanmi k ap ede nou viv ak grandi nan renmen Bondye*. Gen plizyè mannyè nou kapab devlope relasyon youn ak lòt :

- Nou enkouraje moun yo pou yo louvri pòt kay yo pou lòt moun, nan ministè konn resevwa moun.

- Anpil moun bay tan yo nan bay nouvo manm yo vizit, moun ki se envite yo, zanmi legliz la, moun yo rejete yo, moun malad yo, gramoun yo oswa moun ki nan bezwen yo.

- Anpil legliz menm dispoze yon kantite lajan pou yo fè travay sosyal. Se yon komite jesyon k ap jere fon sa a, pou lè gen yon bagay ki pase pou yo kapab ede moun ki nan bezwen.

- Nou ankouraje lekòl dimanch ak tout legliz la pou angaje nan renmen youn pou lòt, nan manje ansanm ak nan aktivite legliz la, pandan

n ap konnen yon relasyon renmen kapab vin devlope nan mitan nou jan Kris la mande sa a.
- Nou wè tou vrè konpasyon an « se pa di li nan bouch sèlman, men fòk li pratik tou ». Se fason sa prezans Bondye nan nou mete renmen nan kè nou.

Pou nou kòmanse

Kòm yon nouvo manm, sa ap ede ou angaje ou nan ministè legliz nan plizyè fason :
- Nou ankouraje ou pou ou mande Bondye pou li ede ou pataje bon nouvèl la youn ak youn oswa pamwayen legliz la, avèk 3 moun nan 3 mwa k ap gen pou vini yo.
- Nou ankouraje ou pou ou gen moman pou medite sou lavi ou nan lapriyè ak nan li Labib.
- Nou ankouraje ou pou patisipe nan aktivite legliz yo : lekòl didimanch, etid biblik, ak pwogram pandan semèn nan ki fèt aswè ak anpil lòt ankò.
- Nou ankouraje ou tou pou chache jwenn yon sèvis pou fè pou avansman legliz la.

Filozofi ministè a

Nou jwenn egzanp filozofi ministè a nan pasaj biblik sa a :

> *Se li menm tou, ki bay apot, avèk pwofèt, avèk evanjelis, avèk pastè ak anseyan, pou fòme sen yo pou travay ministè a ak edifikasyon kò Kris la. E, sa se pou jis nou tout, nou rive nan inyon lafwa ak konesans Pitit*

Bondye a, pou jis nou rive moun li total, pou jis nou rive nan mezi devòpman, jan Kris total la.

Konsa, nou p ap timoun ankò, timoun, nenpòt van ansèyman ap vòltije epi bwote, timoun, mannigèt lèzòm ap twonpe nan koken ak nan riz. Okontrè, n a di verite a nan lamou, dekwa pou, nan tout bagay, nou grandi nan sila a ki tèt la, ki vle di Kris. Se nan li menm, tout pati kò a grandi pou li bati tèt li nan lamou. Li grandi nan mezi, chak pati fè travay pa yo. Paske, kò a byen òganize, byen sentre, grasa sipò chak jwenti. (Efe 4.11-16)

Se sa ki kontantman ak misyon legliz la. Nou tout nou patisipe ladan l. Nou chak se yon minis. Gen yon plas pou ou nan gouvènman an, nan lidèchip la ak nan òganizasyon legliz la. Gen yon plas pou ou nan soutyen regilye nan zafè bay lajan nan legliz la. Gen yon plas pou ou nan ministè a ak nan pwogram evanjelizasyon legliz la.

Lidèchip legliz la

Evèk ak *ansyen* se yon seri mo ki itilize nan Nouvo Testaman, e yo fè nou panse ak tout responsablite legliz la bezwen pou li byen fonksyone. Nou jwenn yo nan pasaj sa yo : *Travay 20.17, 28 ; Timote 3.1-2 ; 5.17, 19 ; Tit 1.5, 7.*

Evèk la se moun k ap sipèvize. *Ansyen* se yon mo jwif yo itilize pou yo dekri yon moun ki responsab nan kominote a. Nou pa preokipe nou de yon tit men de yon responsablite. Edikasyon legliz la ak byen nèt légliz la se responsablite yon gwoup moun. Se yon responsablite e yon misyon an menm tan.

Kalite responsab yo

Ou pa dwe janm…

- Yon tiran (1 Py 5.3) ; yon awogan (Tit 1.7)
- Yon moun ki renmen fè kolè (Tit 1.7)
- Yon moun ki lage kò l nan bwè tafya (1 Ti 3.3 ; Tit 1.7)
- Yon moun ki vyolan (1 Ti 3.3 ; Tit 1.7)
- Yon moun ki renmen fè kont (Tit 1.7)
- Yon moun ki renmen vye lajan (Tit 1.7) oubyen ki renmen lajan twòp (1 Ti 3.3)
- Yon moun ki fenk konvèti (1 Ti 3.6)

Ou dwe…

- San okenn repwòch (1 Ti 3.2 ; Tit 1.6-7)
- Mari yon sèl fanm (1 Ti 3.2 ; Tit 1.6)
- Yon moun serye (1 Ti 3.2) e mèt tèt li (Tit 1.8)
- Merite respè (1 Ti 3.2)
- Konn resevwa moun lakay ou (1 Ti 3.2 ; Tit 1.8)
- Konn kijan pou montre moun verite a (1 Ti 3.2)
- Konn mennen kay ou byen ak fanmi ou (1 Ti 3.4 ; Tit 1.6)
- Merite respè ki pa kretyen (Tit 1.8)

- Zanmi sa ki bon, moun ak bon sans, jis, sen e mèt tèt li (Tit 1.8)
- Kenbe mesaj Pawòl Bondye byen fèm (Tit 1.9)

Devwa moun ki reskonsab la

- Jwe wòl gadò bann mouton Bondye yo (Tra 20.28 ; 1 Ti 3.5 ; 1 Py 5.2)
- Sèvi kòm egzanp pou bann mouton Bondye yo (1 Py 5.3)
- Anseye ak ankouraje lòt yo. (1 Ti 3.2 ; Tit 1.9)
- Voye jete tout bagay ki kontrè e drese avèk anpil dousè moun ki tankou ennmi yo (2 Ti 2.24-25 ; Tit 1.9, 11)
- Byen swen legliz Bondye a (1 Ti 3.5)

Endikasyon

Lè nou konsidere sa nou rele lidèchip anndan legliz la, nou dwe mete aksan premyèman sou kalite lidè yo dwe genyen. Nou dwe sonje moun nan pi enpòtan pase prensip la. Konsa, devwa yo kapab chanje men kalite yo ap toujou rete menm jan. Yon moun ki gen fòs nan karaktè li l ap kapab fè yon lidèchip ki gen bon jan kalite. Dezyèmman, objektif lidè nou se matirite espirityèl ak ranpli ak prezans Kris la (Efe 4.11-13). Y ap dirije avèk *konfyans*, yon konfyans yo mete nan Jezikris ; avèk *eperans*, estabilite nan Pawòl Bondye a ; avèk *renmen*, sèvis ak kominyon fratènèl nan fanmi Kris la. Se granmesi Lespri Bondye yon moun kapab vini yon lidè espirityèl.

Ladim ou

Pi gran opòtinite pou yo pa nan sikonstans lavi yo men nan eta lavi espirityèl ou ye. Bay se yon gwo opòtinite kap ede ou grandi kòm kretyen ki pran angajman pou sèvi Kris la, nan fason li beni ou ak nan obeyisans ou kòm yon vrè disip. Poutan, lè ou bay ladim se pa kantite a ki pi enpòtan men se atitid kè ou.

Ladim nan reprezante 10 pousan nan sa nou genyen pou legliz lokal la kapab byen fonksyone. Poutan, nan yon kontèks biblik ki pi pwofon, bay ladim montre kondisyon kè nou. Gen yon nouvo legliz ki te vle eseye teyori sa, li te kòmanse ak yon pogram ki te mande pou tout moun bay ladim. Yo te genyen 3 règleman sa yo :

1. Tout moun dwe bay.
2. Tout moun dwe bay ladim.
3. Tout moun dwe bay ladim ak kontantman.

Te gen yon nonm ki te gen anpil lajan ki te siyen yon chèk ak yon tikras kòb sou li epi li te depoze li sou biwo trezorye a. Trezorye a te di li konsa : « Monchè, ou respekte premye règleman an, men ou pa respekte dezyèm nan. Mwen pa kapab aksepte sa ou bay la ». Jan nou ta kapab panse li a, manm legliz sa te santi li te gen anpil pwoblèm.

Apre li te fin wè lòt yo ki t ap bay ladim yo, nonm rich sa te tounen nan biwo a e li te siyen chèk pou ladim nan men se pat ak tout kè li, epi li te voye li sou liv ki gen kontwol yo, e li te di : « Men ladim mwen an ».

Trezorye a te reponn li ankò : « Monchè, ou respekte de premye règleman yo, men ou pa respekte twazyèm nan. Mwen pa kapab aksepte sa ou bay la ankò ».

Sa ka rive ou pa twò renmen fason gwoup sa fè pou li resevwa ofrann. Men, nou kapab sèten yo byen konprann sans ladim nan.

Ladim se pa yon fason pou nou bay 10 pousan nan lajan nou nan kè sere pou travay Bondye, epi pou nou gade lòt 90 pousan pou nou pran plezi nou ak pwojè pèsonèl nou yo. Yo te anseye nou ladim nan tabli yon diferans ant lajan pa nou ak lajan Bondye. Se pa vre, lè nou vin jwenn Kris ak tout kè nou, nou ba li tout lavi nou ak tout sa nou posede, pase nou, prezan nou, avni nou, rejisit nou, echek nou, fanmi nou, tout sa nou posede ak pwojè nou yo. Kòm kretyen, tout lajan nou se pou Bondye yo ye. Ladim se yon fòm natirèl pou fè lwanj Bondye ak yon kè ki gen renmen, obeyisans ak benediksyon.

Si kè nou ladan li, bay ladim se ap yon kontanman ak yon fèt. Nou sonje yon legliz kote tout moun t ap bat bravo e yo t ap di « amen ! », lè yo te anonse lè pou yo bay ladim ak ofrann te rive. Men si kè nou pa ladan l, ladim nan vin tounen yon mokri, yon komedi ak yon kalòt espirityèl nan figi Senyè nou an.

Se sa Jezi te vle di lè li di : « Malè pou nou, pwofesè lalwa ak Farizyen ! Ipokrit ! Paske, nou peye ladim sou mant, lanni, ak kanèl, alòske, nou kite bagay ki pi enpòtan nan lalwa a, tankou jistis, pitye, ak fidelite. Fòk nou fè bagay sa yo tou, san nou pa kite lòt yo. Gid avèg ! Nou p ap bwè yon mouch, men, n ap vale yon chamo » (Mat 23.23-24).

Nan tan Jezikris te genyen kèk Farizyen ak anseyan lalwa ki t ap respekte koutim sa a pou te maske kè yo ki plen ak egoyis. Yo te obsève anpil koutim sou ladim ki te yo t ap triye ti zèb nan jaden yo pou te aasire yo yo bay ladim nan tout sa yo genyen, poutan yo te bliye vrè sans lajistis, mizerikòd ak fidelite a.

Yo te pran ladim sou fèy mant yo t ap kiltive pou fanmi yo, poutan yo te bliye lajistis nan mitan yo. Yo te pran ladim tou sou grenn fenouy pandan yo te bliye moun ki te vrè bezwen yo. Yo te fè sa tou sou lòt zèb ki santi bon yo genyen, pandan kè yo pap bay bon lodè menm nan fidelite yo pou Bondye. Yo pa t fidèl menm nan relasyon yo te dwe genyen ak Bondye.

Jezi te rezime bagay sa a konsa : « Nou p ap bwè yon mouch, men, n ap vale yon chamo » (Mat 23.24). Nan lalwa Farizyen yo, mouch ak chamo te konsidere kòm yo bagay ki pa bon pou manje. Limaj li montre se yon moun ki wete ti mouch nan koup li epi apre ki plen asyèt li ak vyann chamo mouri. Yon fason pou nou di yo te respekte tout ti koze lalwa te di yo men yo pèdi objektif lalwa genyen an ki se pou yo te gen yon bon relasyon ak Bondye.

Jezi pa t vini pou li te retire ladim men li te vini pou li te mete nan yo nivo espirityèl ki te pi wo. Pou yon kretyen, li pa gen sèlman pou li bay ladim. Nou dwe fè li ak yon kè ki anrèg ak Bondye. Sa ouvè pòt ak anpil opòtinite pamwayen ladim nan.

Kouman kè nou dwe ye si nou vle bay ladim jan Jezi vle li a ? Labib anseye 3 kalite kè ki kapab bay ladim.

Ladim ki sòti nan yon kè beni. Bondye beni nou nan pase, jodi a ak demen. Nou resevwa tout bagay nan men Bondye epi nou konnen nou gen pou n resevwa nan men li ankò. Sa kreye yon motivasyon nan bay ladim. Nou pa dakò ak moun k ap di si nou bay Bondye 10 dola L ap ban nou 100 dola li menm. Benediksyon

Bondye ban nou pi bon pase lajan. Li kapab ban nou pitit ki aksepte Jezi kòm Sovè yo. Li kapab ban nou lajwa lè nou wè yon pwojè misyonè pote fwi. Li kapab vle ban nou lajwa pou nou wè sa yo ki nan bezwen vin pa manke anyen granmesi Senyè. Li kapab vle ban nou lajwa pou nou wè nou ki patisipe nan kwasans legliz la.

Men gen anpil okazyon Bondye kapab sèvi ak yo pou beni nou ak lajan. Gen bagay nou kapab resevwa san nou pa konn kilès ki ban nou yo. Gen bagay nou achte nan bon pri san nou pa t menm panse kote nou k ap jwenn yo. Gen sajès Sentespri a ki ede nou byen jere lajan nou. Yon sèvitè Bondye te fè zanmi li yo sonje sa : « Lè mwen gen pwoblèm lajan mwen konpran mwen bezwen bay plis toujou ». Li te dekouvri benediksyon ki gen nan bay ladim.

Ladim ki sòti nan yon kè ki obeyisan. Ladim se metòd Bondye tabli nan pawòl li. Pi bon moman pou bay ladim, dapre ansyen kontra a, se te lè pèp la t ap bay ak yon kè ki obeyisan ak kontantman :

> *Lè nouvèl la gaye, moun pèp Izrayèl yo pote premye sa yo rekòlte nan ble, nan diven, nan lwil olivy, nan siwo myèl ak nan tout lòt danre jaden yo an kantite. Lèfini, yo pote yon dizyèm sou tou sa yo te genyen. Tout moun peyi Izrayel ak moun peyi Jida ki t ap viv nan lòt lavil peyi Jida yo te bay yon bèf pou chak dis bèf osinon kabrit ak mouton yo te genyen. Yo pote yon dizyèm nan tout bagay yo te mete apa pou Bondye, sèl Mèt yo a. Yo pote yo fè pil sou pil ... Lè wa Ezekyas ak chèf li yo wè kantite bagay moun yo te bay, yo di Bondye*

mèsi, yo fè lwanj pou pèp Izrayèl la, pèp Bondye a. (2 Kwo 31.5-6, 8)

Pafwa, nou rankontre yon moun ki di : « ou pa ka di m pou m bay ladim mwen pa sou lalwa men sou lagras ». Se vre, men se mwatye vrè. Demi verite se bagay ki pi danje. Ann pran egzanp Pòl, li te bay ladim paske li te Farizyen. Apre sa, sou wout Damas la li te rankontre Jezi epi li te libere nan lespri anba esklavaj peche, Bondye te konfye li travay pou li te pataje mesaj bon nouvèl la toupatou sou latè. Apre li te fin resevwa tout benediksyon nan men Bondye, li te enposib pou nou ta imajine Pòl k ap di « Senyè mwen pa kapab peye ladim ankò ». Okontrè Pòl te bay plis pase ladim. Li posib pou li te konn bay 2 fwa oswa 3 fwa ladim e kèkfwa menm 90 pousan e li te chwazi viv ak rès 10 pousan.

Lè nou bay ladim nan kòm kretyen nou obeyi Papa nou ki nan syèl la ki plen renmen pou nou. Anpil nan nou sispann obeyi Papa ki sou latè nou an dapre lalwa e nou koumanse obeyi ak anpil renmen. Nou obeyi yo, se pa paske yo sispann renmen nou si nou dezobeyi yo men paske nou dekouvri yo te gen larezon. Yo mande nou sèlman pou nou fè sa nou dwe fè. Papa nou ki nan syèl la vle pou nou bay ladim paske li konnen nou dwe fè li. Lalwa soti nan « krentif dezobeyisans ». Lagras la konsidere kòm « yon renmen ki pouse nou obeyi ».

Ladim sòti nan yon kè ki gen renmen. Se premye motivasyon pou bay ladim : se li ki pi pwofon e se li men ki toujou pi bon.

Abraam se te premye moun ki te bay ladim (Jen 14.20). Pa t gen lwa ki te ekri sou ladim, pa t gen okenn rekòmandsayon nan sans sa. Abraam te gen yon gwo viktwa fizik pandan yon gwo batay, li te vle bay 10 pousan nan tout sa li posede pou travay Bondye. Ladim li a te sòti nan yon kè ki gen renmen.

Jakòb ti pitit Abraam nan te aprann bay ladim ak yon kè ki gen renmen (Jen 28.22). Apre li te fin genyen yon gwo viktwa espirityèl, kote fenèt syèl la te louvri e pwomès Bondye te akonpli pou li, Jakòb te konsakre 10 pousan sou tout sa li posede pou Bondye. Li te bay ladim paske li te motive ak yon kè ki gen renmen. Apèl Jezi bay la se pou nou tounen nan menm motivasyon sa ki te fè moun yo te konn bay ladim lontan : Pou nou obeyi ak renmen yon Bondye ki beni nou. Jezi di pou nou pa neglije ladim, men pito pou nou bay li ak bon entansyon.

Bay ladim enskri menm nan nati moun ki vivan sou latè yo. Bondye pa t kreye yon lwa sèlman paske li t ap chache fè yon bagay men li te ekri lalwa kont zak vòlò paske li te met sa nan kè nou depi lè li te fin kreye tout bagay. Li te ekri yon lwa kont adiltè paske li te konprann kouman nou dwe gen bon relasyon nan maryaj. Bondye rekòmande nou pou nou peye ladim paske li konprann relasyon nou dwe genyen ak Papa nou ki nan syèl la. Ladim se yon repons natirèl nou bay yon Bondye ki renmen. Li nan pwòp nati nou.

Yon egzanp pratik. Li te rele John. Yon pastè te gen privilèj pou li te kondi li kote Bondye pandan yo te nan salon li. Bondye te sove maryaj la. Li te wè pitit li yo angaje yo nan travay Bondye. Li te toujou ale legliz e lavi te vin chanje nèt.

Kèk semèn apre li te fin konvèti li te rele pastè a e li te di li : « Pastè gen yon bagay mwen vle montre ou. Gade blòk chèk mwen an ». Pastè a pa t gen abitid gade blòk chèk moun. Men, paske nouvo konvèti a te mande li pou li te fè sa, Pastè a te aksepte. Nan blòk chèk la, pastè a te wè yon chèk ki gen 28 dola 54 ki te fèt pou li legliz.

Li te bay pastè a eksplikasyon sa yo : « Chak semèn, lè mwen resevwa salè mwen, mwen ale labank ak chèk mwen. Se lè sa, mwen tou pwofite fè yon chèk pou ladim legliz la. Mwen pa t vle pou m te depanse tout anvan semèn nan te fini, se pou tèt sa, mwen gentan ekri chèk la anvan menm e m ap gade li chak jou. Se yon mwayen pou mwen sonje tout sa Bondye fè pou mwen. E sa fè m sonje kouman mwen renmen Bondye anpil ».

Se sa ladim nan vle di menm. Lè li sòti nan kè ki fidèl li se yon mwayen nou bay Bondye lwanj, li menm ki se papa nou ki nan syèl la ki renmen nou anpil, e se li menm tou nou vle obeyi paske li beni lavi nou anpil.

CHAPIT 5

LAVI NAP MENNEN NAN KRIS LA

Nan pyès teyat ki rele « Lanmo nan katedral la » T. S. Eliot te ekri :

Denye tantasyon an se pi gran trayizon an :
Fè bon aksyon an pou move rezon an.

Pou pèp Bondye a, li pa sèlman sifi pou w bon. Nou dwe aprann pou bon pou bon rezon. Jezi te boulvese mond espirityèl la avèk pawòl sa : « Si jistis nou an pa depase jistis pwofesè lalwa yo ak Farizyen yo, nou p ap antre nan wayòm syèl la ditou » (Mat 5.20).

Lè ou se yon disip Jezi sa vle di ou obeyi l nan tout bagay. Men lide ki kache dèyè obeyisans sa se jistis ki pi gran epi ki pi fon an. Jezi te pale konsa : « Si nou renmen mwen, obeyi kòmannman mwen yo » (Jan 14.15).

Bondye pa vle selman nou fè sa li di, men li vle nou pran plèzi nan fè sa li. Konsa, disiplin lavi kretyènn nan li pa sitou nan touye tèt pou respekte, bon lalwa yo, bon prensip yo ou menm nan bon konprann lekriti yo, men an premye yon kretyen dwe soumèt li anba Kris.

Bati sou bon fondasyon an

Kretyen yo resevwa apèl pou yo tounen reflè imaj vivan prezans Kris la nan le monn. Mo Bib la itilize pou sa siyifi : « Mete nou konfòm ak imaj Bondye pa mwayen lagras nan senplisite ak inosans yon timoun piti ». Se yon bagay pou fè byen pou tout moun wè, yon bò tou lè lajistis abite anndan yon moun li parèt tou deyò moun nan.

Pou anpil moun « viv nan lajistis » bay anpil tèt chaje. Nou mande pi piti epi pou nou kabab fè li vinn pi gro.

Sa fèt nan lekòl yo. Yo bay etidyan yo devwa, men yo fè sa ki reklame a sèlman. Ou pa jwenn fasil etidyan kap di : « mwen ta renmen plis devwa !» Atitid sa a nou jwenn li nan sistèm ekonomik travay yo. Se apwòch travay la ki di : « kouman pou m rive fè pi piti travay la ak pou m toujou fè men m lajan ». Apwòch sa a chanje an pwoblem lè l vini nan mesye ak madan marye yo. Moun yo kòmanse ap jwe ak dife, nan fè sa k pi piti a.

Nou wè prensip sa a negatif nan domèn espirityèl la lè ou poze kesyon sa yo : « eske mwen kapab fè sa pou m toujou gen asirans pou m ale nan syèl ? Eske mwen ka fè youn oubyen lòt epi pou m toujou gen asirans mwen pral nan syèl ? » Tout sa yo se kesyon kote li difisil pou reponn paske se pa kesyon sa yo ki dwe poze. Kè a toujou rete santre sou li menm, nan poze kesyon tankou « mwen menm, eske m kapab ? »

Vre jistis la li pa kòmanse nan sa n ap fè « pou Bondye », men nan reyalite sa Bondye fè « pou nou » nan Kris. Vre fondasyon an vini lè ou mande Bondye avèk pisans pirifikatris Sentespri a pou retire nan nou tout sa ki wo ak tout sa ki ba e pou ranpli vid sa avèk yon sel dezi, ki kapab penetre tout nou menm e ki pi enpòtan : « sanble Jezi ». Konsa, mòd lavi egzanp sa soti direkteman nan lavi zanmitay sa avèk Kris. Se pa sa n ap fè « pou Kris » men se sa n ap fè « nan Kris » ki se modèl sou sa nou dwe fonde lavi nou.

Hardy Powers, yon ansyen sirintandan jeneral te di : « okenn pwoteksyon deyò pa ka pwoteje nou, men renmen Kris ap toujou koule nan kè nou pa mwayen Sentespri li a, l ap gade kè nou pwòp, lavi nou klè e men nou pwòp kont tout sa ki mal ».

Yon atitid pozitif sou disiplin

Legliz Nazareyen devlope 3 prensenp jeneral pou montre kòman yo aplike renmen Kris kete nan kè nou, nan sitiyasyon pratik yo nan lavi chak jou a. *Manyèl Legliz Nazareyen an* deklare :

> *Sanble avèk legliz vizib la se avantaj beni ak yon devwa apa tout moun ki delivre nan peche yo kap chache pèfeksyon nan Jezikris. Li mande ak tout moun ki vle fè yon sèl avèk Legliz Nazareyen an, pou mache nan kominyon avèk nou, montre li delivre nan peche li yo pa yon kondwit kretyen ak yon kwayans aktif nan Bondye epi pou li genyen swaf vrè dezi pou pirifye nan tout peche ke nou jwenn nan Adan. Yo montre konsekrasyon lavi yo ak Bondye ...*

Premyeman : nan fè sa Pawòl Bondye mande, ki se prensip konfyans nou ak pratik. kòm :

- Renmen Bondye ak tout kè ou, ak tout nanm ou, ak tout lespri ou, ak tout fòs ou, al renmen pwochen w menm jan ak pwòp tèt ou. (Egz 20.3-6 ; Lev 19.17-18 ; Det 5.7-10 ; Mak 12.28-31 ; Wom 13.8-10).

- Anonse bon nouvel la bay moun ki toujou viv lavi peche, envite yo lakay Senyè a ak chache pou yo sove. (Mat 28.19-20 ; Tra 1.8 ; Wom 1.14-16 ; 2 Ko 5.18-20)
- Bay bon akey ak tout moun. (Efe 4.32 ; Tit 3.2 ; 1Py 2.17 ; 1 Jan 3.18)
- Ede lòt kwayan yo, youn sipòte lòt nan renmen. (Wom 12.13 ; Gal 6.2, 10 ; Kol 3.12-14)
- Chache fè byen nan kò ak nan nanm tout moun, bay sa k grangou manje, mete rad sou sa yo ki tou ni, vizite malad yo ak prizonye yo, delivre moun ki nan bezwen dapre okazyon ak mwayen ou yo. (Mat 25.35-36 ; 2 Ko 9.8-10 ; Gal 2.10 ; Jak 2.15-16 ; 1 Jan 3.17-18)
- Kontribiye nan soutni ministè legliz la ak misyon li a avèk dim yo ak ofrann yo. (Mal. 3.8-10 ; Lik 6.38 ; 1 Ko 9.14 ; 16.2 ; 2 Ko 9.6-10, File 4.15-19)
- Rete fidèl nan tout disiplin Bondye ak nan mwayen gras yo ki gen ladan l adorasyon piblik Bondye a (Ebr 10.25), ministè pawòl (Tra 2.42), sakreman lasentsèn (1 Ko11.23-30), sonde ekriti yo ak medite yo (Tra 17.11 ; 2 Ti 2.15, 3.14-16) avèk sèvis pèsonèl yo epi ansanm ak la fanmi. (Det 6.6-7 ; Mat 6.6).

Dezyèman an : nan evite mal la sou tout fòm li yo, li gen ladan l :
- Sèvi mal ak non Senyè a. (Egz 20.7 ; Lev 19.12 ; Jak 5.12)

- Bliye jou repo Senyè a nan ale nan lòt aktivite mond lan ki pa nesesè, konsa tonbe nan yon seri pratik ki trayi sentete li. (Egz 20.8-11 ; Eze 58.13-14 ; Mak 2.27-28 ; Tra 20.7 ; Rev 1.10)

- Imoralite seksyèl tankou rapò seksyel avan maryaj la, ak vyolasyon nan fidelite vi a de (adilte), koripsyon sou tout fòm li yo, relachman ak move kondwit. (Egz 20.14 ; Mat 5.27-32 ; 1 Ko 6.9-11 ; Gal 5.19 ; 1 Te 4.3-7)

- Abitid yo, ak pratik yo konnen ki pa bon pou kò ak lespri yo. Kretyen yo dwe konsidere kò yo tankou tanp Sentespri a. (Pwo 20.1, 23.1-3 ; 1 Ko 6.17-20 ; 2 Ko 7.1 ; Efe 5.18)

- Goumen yo, rann mal pou mal (lwa talyon an), fè zen tripotay yo, bay manti, di betiz pou sal renome moun. (2 Ko 12.30 ; Gal.5.15 ; Efe 4.30-32 ; Jak 3.5-18 ; 1 Py 3.9-10)

- Moun kap pran sa ki pa pou yo, youn ap tronpe lòt nan fè komès, nan bay manti ak nan fè lòt zèv teneb menm jan yo. (Lev 19.10-11 ; Wom 12.17 ; 1 Ko 6.7-10)

- Fè wè nan abiman oubyen nan konpòtman an. Manm nou yo dwe abiye tou senp san fè yo pa kale kò yo, jan sentete mande li a. (Pwo 29.23 ; 1 Ti 2.8-10 ; Jak 4.6 ; 1 Py 3.3-4 ; 1 Jan 2.15-17)

- Mizik, literati ak moman plezi ki dezonore Bondye. (1 Ko 10.31 ; 2 Ko 6.14-17 ; Jak 4.4)

Twazyèman : nan rete nan bon kominyon avèk legliz la, nan pa opoze ak doktrin yo men nan patisipe tankou yon manm tout bon ak angaje pou rann temwanyaj tankou travay evanjelizasyon (Efe 2.18-22, 4.1-3, 11-16 ; File 2.1-8 ; 1 Py 2.9-10).

Tankou nou te aprann li nan dezyèm chapit la, youn nan bagay Legliz Nazareyen genyen nan kòmansman istwa li, se te : « disiplin nan ki te depann dabò sou travay Sentespri a ». Sa toujou vre. Baz 3 règ jeneral sa yo oubyen prensip sa yo pou ede moun yo jwenn fòs ak konsèy Sentespri nan lavi yo chak jou. Pou repete, prensip sa yo, men sa ou bezwen :

Fè esperyans tout sa ki bon

Nou dwe gen yon bon renmen pou Bondye ak pou lòt yo pandan n ap pataje avèk yo bon nouvèl renmen Bondye a. Nou pran swen moun an antye, soutni fanmi Bondye a ak kontinye grandi nan Jezikris. Pou rezime, nou ranpli lavi nou ak bagay Bondye yo.

Lage tout sa ki pa bon

Si yon bagay pa bon, li movè, si li se yon sous pou dekouraje oubyen li pa bay kretyen valè, li pa dwe patisipe ladan l. Nou dwe prezève adorasyon ak onore Bondye nan lavi nou, nan fanmi nou, nan temwanyaj nou, devan lòt yo, tankou nan jan nou grandi espirityèlman. Plizyè atitid ak pratik ki pwòp nan kilti nou yo kapab lakòz pèt ak soufrans kretyen an. Plis li pral lwen, plis l ap bon pou li.

Tout chita sou relasyon yo

Amitye sensè ak anbyans la fanmi tout bon an kap renye legliz la, pi enpòtan pase abitid ak plezi pèsonèl yo. Nan Nouvo Testaman, yo pa janm sispann ankouraje nou pou « nou youn renmen lòt » (Jan 13.34-35, 15.12, 17 ; Wom 12.10, 13.8 ; Gal 5.13 ; Efe 1.15, 4.2 ; Fil 1.9 ; Kol 1.4 ; 1 Te 1.3, 3.12, 4.9-10 ; 2 Te

1.3 ; Ebr 10.24 ; 1 Py 1.22, 2.17, 3.8, 4.8 ; 1 Jan 3.11, 14, 23, 4.11-12, 20-21 ; 2 Jan 5).

Bib la di : « Mwen gen dwa fè tout bagay ! Wi, men, se pa tout bagay ki pou byen mwen. Mwen gen dwa fè tout bagay ! Wi, men, se pa tout bagay ki edifye moun. Pèsonn pa dwe ap chèche enterè pa l ase. Okontrè, chak moun dwe ap chèche enterè lòt … Se pou nou san repwòch ni devan Jwif, ni devan Grèk, ni devan Legliz Bondye » (1 Ko 10.23-24, 32). Nou bay yon gran plas ak relasyon nou avèk lòt yo nan mitan fanmi Bondye a.

Twa prensip jeneral sa yo rezime nan Bib la : « Kouri pou dezi jèn moun konn genyen. Men, chèche genyen jistis, lafwa, lamou, lapè ansanm avèk moun ki gen kè yo pwòp, epi k ap rele non Senyè a » (2 Ti 2.22).

Etik sosyal moun jwenn nan disiplin

Sentespri a se pi gran gid tout lavi ki chita sou jistis. Nou montre renmen nou gen pou Kris nan dezi nou genyen pou nou fè volonte li. E volonte li pale klè nan ekriti yo. Genyen moman kote tout legliz la dwe ansanm pran pozisyon sou seten kesyon sosyal. Genyen moman kote anpil lane esperyans yo ka bay bon chemen pou mòd lavi nan limaj Kris la. Legliz Nazareyen an trete kesyon sosyal yo ak mòd lavi pou adopte nan regleman sou prensip lavi kretyen yo. Pou nou pale sou sijè sa a pi byen, n ap divize li an de pati : (1) *Kesyon sosyal epi (2) Direktiv ak konsèy yo.*

Kesyon sosyal kounye a yo

Koz atitid ak gran chanjman yo ki vini nan kilti kounye a yo, li enpòtan pou legliz konprann kouman prensip biblik etènel genyen yon relasyon avèk sosyete nap viv la.

Maryaj ak divòs. Premye prensip k ap mennen nou se pou maryaj la ak la fannmi kretyen dwe kapab pwoteje nan sosyete a. Gen de prensip : angajman ak konpasyon.

Nou kwè maryaj se yon angajman pou lavi. (Jen 1.26-28, 31, 2.21-24 ; Mal 2.13-16 ; Mat 19.3-9 ; Jan 2.1-11 ; Efe 5.21, 6.4 ; 1 Te 4.3-8 ; Ebr 13.4). Pou ankouraje angajman sa a maryaj pou lavi a, jan Bib la di li a, nou dwe :

- Anseye moun pou pa genyen relasyon seksyèl anvan maryaj la.

- Bay bon jan konsèy ki pou ankouraje ak moun ki pral marye.

- Ankouraje maryaj kretyen yo miltipliye ak pou yo genyen matirite.

- Eseye nan moman kont ak diskisyon nan vi a de yo, kenbe fanmi yo ak maryaj yo ak pisans la priyè, bon konsèy avèk èd Sentespri Bondye a.

Dezyèm prensip kap mennen nou se konpasyon. Nou rann nou kont divòs anpil moun te make yo nan fon. N ap chache konpasyon Kris la pou reponn ak bezwen yo ak kalme doulè yo.

Jezi pale sou divòs (Mat. 5.31-32, 19.3-9), nou dwe nou menm tou pale sou li menm jan avèk menm renmen ak menm bon konprann nan. Li mouri sou lakwa pou tout moun.

Lè moun sa yo vle marye ankò, nou dwe ba yo saj konsèy, soutni yo pou yo travèse moman enpòtan sa a.

Remaryaj la dwe trete selman nan yon liy kretyen avèk bon jan konprann karaktè sakre fanmi an.

Avòtman an : nou kont avòtman volontè a, kit li se pou rezon pèsonèl, kit pou kontwòl popilasyon an. Nou tolere avòtman sèlman si li fèt pou rezon medikal yo avèk bon prèv lavi manman an danje e tout sa avèk bon jan konsèy medikal ak espiriyel yo. (Egz 20.13 ; Jòb 31.15 ; Sòm 22.9, 139.3-16 ; Eza 44.2, 24, 49.5 ; Lik 1.23-25, 36-45 ; Wòm 12.1-2 ; 1 Ko 6.16, 7.1 ; 1 Te 4.3-6).

Omoseksyalite : li rekonèt presyon kò a, lespri ak sosyal yo, ak koripsyon yo ka pouse moun pratike lavi gason ak gason oubyen fi ak fi, men nou pran pozisyon menm jan ak Bib la, aksyon sa yo se peche yo ye. (Jen 1.27, 19.1-25 ; Lev 20.13 ; Wom 1.26-27 ; 1 Ko 6.9-11 ; 1 Ti 1.8-10). Nou kwè ak sètitid ke tout gras Bondye sifi pou pòte viktwa sou pratik omoseksyalite. Nou kwè tou renmen li se pou tout moun donk li kapab asire redanmsyon ak restorasyon (1 Ko 6.9-11).

Pran dwòg : Anpil lage kò yo nan pran dròg. Nou menm ki legliz nou pran yon pozisyon sosyal : nou kont pratik sa yo e nou rekomande pou pa fè yo, pou jenerasyon sa a ak pou lòt ki gen pou vini, nou pwoteste kont move lisaj li ak pran dròg sou tout fòm yo.

Dwòg yo. Nou kont move itilizasyon alisinojenn yo, estimilan yo, antidepresif yo ak izaj medikaman doktè preskri chak jou yo. Dròg yo dwe itilize sou avi ak konsèy doktè konpetan yo ak sou kontwòl yo.

Bweson yo. Nou konnen diven te itilize tankou bweson nan epok Bib la. Li te souvan melanje avèk dlo pou jwenn bweson pi a. Men itiliasyon bweson yo lakoz anpil domaj, lanmò ak dezolasyon lakay yon milyon moun soti nan jenn ak moun anpil laj yo. Konsa ...

1. Nou sèvi ji rezen ladann nan Sent Sèn.

2. Okenn bweson ki gen alkòl pa dwe itilize pandan seremoni legliz yo.

3. Manm legliz nou yo dakò ak pozisyon sa a pou yo pa bwe okenn bweson ki gen alkòl, ni tafia, ni divin, ni likè, ni kleren, ni byè ... ni anyen ki gen alkòl (Pwo 20.1, 23.29. 24.2 ; Oze 4.10-11 ; Aba 2.5 ; Wom 13.8, 12.15-21, 15.1-2 ; 1 Ko 3.16-17, 6.9-12, 19-20, 10.31-33 ; Ga 5.13-14, 21 ; Efe 5.18).

Tabak la. Bib la di: « Eske nou pa konnen se tanp Bondye a nou ye epi Lespri Bondye a abite nan nou ? » (1 Ko 3.16). Nou pa dwe detwi tanp Bondye a, men onore li avèk swen, ak bon konprann. Izaj tabak la danjere pou sante nenpòt ki laj ou genyen. Li kapab fè ou depann de li epi li danje pou moun epi li dange tou pou kilti nou. Pou tèt sa manm nou yo pa dwe pran tabak.

Direktiv ak konsey yo

Pastè Bresee rele sa yo : « Konsèy espesyal yo ». Yo fè jodi a pati prensip kondwit kretyen yo sou tèm : Lavi kretyen an. Manyèl la bay rezon sa y:

Legliz la pwoklame bòn nouvèl la avèk jwa a, tankou nou kapab delivre anba tout peche pou koumanse yon vi nouvèl nan Kris la. Avèk gras Bondye, nou menm kretyen yo, nou dwe « debarase kò nou avèk ansyen nati nou an » ansyen kondwit yo, tankosu vye nati chanèl, avek « abiye ak nati ki nouvèl » yon fason ki bon nèt la pou n viv byen ak panse Kris la (Efe 4.17-24).

Legliz Nazareyen propoze li pou li prezante sosyete n ap viv la prensip biblik etènèl yo, yon fason pou yo ka konn doktrin ak règ legliz yo nan plizye peyi ak nan divès kilti yo. Nou afime Dis Kòmandman yo jan Nouvo Testaman ans di yo a, pou yo garanti baz etik kretyen an epi nou dwe obsève yo.

Epitou, yo rekonèt valè lide tèt ansanm kay kretyen yo, pwiske li gide yo ak klere yo pa mwayen Sentespri a. Legliz Nazareyen an kòm espresyon entenasyonal kò Kris la, rekonèt reskonsablite li ki se chèche mwayen pou rann lavi kretyen diferan yon fason pou abouti a sentete a. Nòm moral istwa legliz la, repete an pati nan eleman sa yo nou pral di la :

Pensip moral istorik sa yo dwe swiv avèk anpil swen e yon konsyans ki klè, nan fason pou gide ak ede kwayan yo pou yo rive nan yon lavi ki sen. Moun ki bafwe konsyans, fè li pou detwi tèt yo ak pou sal temwanyaj legliz la. Adaptasyon kiltirel kapab refere ak sirintandan jeneral yo k ap aprouve yo.

Nan mansyone pratik sa yo ki dwe bani, nou pa rekonèt okenn dokiman pi byen ekri pi klè li te kapab ye p ap ka pale tout sa ki genyen nan mond lan. Pa konsekan, li esansyel pou manm nou yo chache serye konkou Lespri a ki pi fò pase lèt lalwa nan kiltive avèk sansiblite kont tout sa ki mal nan sonje rekòmandasyon biblik la : « Men, teste tout, epi, kenbe sa ki bon. Egzante sa ki mal kèlkeswa jan l ye a » (1 Te 5.21-22).

Nou envite dirijan nou yo ak pastè yo, nan piblikasyon peryòdik yo ak sou chè a, pou mete presizyon sou verite fò Bib la, ki pwòp pou fè devlope nan moun bon konprann pou konnen sa ki byen ak sa ki mal.

Sou sa ki se direktiv espesyal yo, gen 3 konsèpt nou dwe gade nan lespri nou : (1) Direktiv ak konsey yo la pou enstwi, se pa lwa yo ye ; (2) La fanmi kretyen dwe ankouraje li, men sa ki bon nèt la li pase pou lwa ; (3) Yon manm legliz dwe swiv direktiv yo avèk konsyans li, men pa tankou yon lwa ki sou tèt li kòm doktrin.

Si nou vle yon egzanp pratik la lwa genyen, ou kapab li bout chapit sa ki rele : yon avètisman ki soti nan listwa. Nan lòt tèm yo, konsèy espesyal sa a yo dwe bay nan renmen. Nou kwè nan nesesite pou evite pratik sa yo :

- Jwèt aza yo ki nwi bon entandans kretyen yo ak devlopman espirityèl la. Yon bon pati endistri jwèt sa mare ak krim òganize. Menm bòlet yo, gouvènman yo aprouve yo kapab favorize yon atitid ak yon konsepsyon ki reziyen li.

- Lè ou manm òganizasyon ki ka fè tò nan temwanyaj ak lespri louvri kretyen an. Genyen òganizasyon ki prèske relijye k ap aji nan pi gran sekrè, sa ki opoze ak karaktè ouvè konsèpt kretyen an. Gen anpil risk pou gwoup sa yo fè gro enfliyans sou moun nan plis sou sèvis li yo ak angajman li nan Wayòm Bondye a.

- Fòm dans tou ki rele sansyèlite ak pwomiskwite. Referans biblik yo sou dans (eksepte kèk) yo gen relasyon avèk rejwisans yo nan fèt ak adorasyon (wè Egz 15.20 ; Sòm 30.11, 149.3). Nan kilti n ap viv la, okontre konteks jeneral dans la mare ak rankont sosyal yo kote kwazman nan mitan de seks kapab deteryore. Voye jete enfliyans sosyal la ki ensite l pou konfòme nan nòm moralite enferyè yo ak kòd kondwit, la mon nan plase nan sitiyasyon sa yo, panche sou yon meyè kalite lavi ak relasyon kretyen an dezire yo.

- Tan lib yo ki ankoraje pònografi a, vyolan la, ki atake fondasyon lavi kretyen. Lè n ap chwazi lwazi nou yo, nou ka konsidere 3 sèl prensip : (a) Entandans kretyen nan tan lib la ; (b) Ankourajman nan lavi ak ansèyman kretyen yo ; (c) Detèminasyon pou kite tout sa ki ka nwizib nan eksperyans kretyen ou. Nou konseye manm nou yo pou fè anpil vijilans nan chwa fim y ap gade. Plizyè videyo, gran ekran ak reprezantasyon teyat ki pale nan kontre fondasyon lavi ak moralite lakay kretyen paske yo ankouraje vyolans, ponografi ak bagay sal yo.

Lè ou eseye ap mete an aplikasyon direktiv sa yo nan pwòp lavi pa ou, ou dwe la priye Bondye pou li ede ou pa pouvwa Sentespri a, li vle pou lavi ou kapab pozitif, pwodiktif epi fèt nan limaj li. Li pa vle ankò pou ou « imite modèl tan sa a. Okontrè, se pou lavi nou chanje dapre lespri nou Bondye refè a. Konsa, nou va rekonèt sa ki volonte Bondye, sa ki bon, sa ki fè plezi, epi sa ki total » (Wom 12.2). Ou dwe dekouvri volonte Bondye pou lavi ou. Volonte li se pou gen amelyorasyon kontinye nan pwòp vi kretyèn ou. Lè ou pran desizyon sa yo, n ap ankouraje w avèk pasaj sa yo nan Bib la :

Se pou lapè Bondye domine nan kè nou. Se poutèt sa Bondye te rele nou pou nou fè yon sèl kò. Epitou, genyen l rekonesans. Se pou pawòl Kris la abite nan nou avèk tout richès li. Se

pou nou youn anseye lòt, epi, pou nou youn avèti lòt ak sajes tout jan. Fè sa ak sòm, ak kantik, ak chante espirityèl. Se pou nou chante pou Senyè a nan kè nou, avèk remèsiman.
(Kol 3.15-17)

Objektif yon disiplin ki baze sou Kris la

Bib la anseye : « Men, gwo manje se pou moun ki fin devlope, moun ki tèlman fè pratik, yo antrene sans yo, pou yo fè diferans ant byen ak mal » (Ebr 5.14).

La vi jistis la se yon mach ki genyen ladan li de bagay : yon fòmasyon sou sa ak yon kominyon avèk Jezi. Sirintandan jeneral Roy Williams te di : « sa ki fè fon lavi pou fè sèvis pou Bondye a se pwoteksyon ki pi efikas kont tout danje, tankou : fòmalis, legalis, farizayik, materyalis ak peche ».

Fòmasyon disip yo koumanse lè yo te « kouri ak je nou fikse sou Jezi. Se li ki kaptenn lafwa nou, epi se li ki fè lafwa nou total tou » (Ebr 12.2). Anseyman senp Bib la, konsey pratik kretyen mati yo ak ankourajman enteryè Sentespri a ap gide ou pou w ka vini foto vivan prezans Kris la. Jezi te pran gwoup ki negatif, dekouraje, plen ak lògèy pou fè de yo moun ki gen atitid positif, kouraj epi ki sèvyab. Se pwisans Kris la, konsyans li, esperans li ak renmen li ki rann tout sa posib. Lekòl Kris la se pou swiv siyifikasyon ak reyalizasyon visib bagay sa yo.

Sirintandan jeneral Hardi Powers la te byen rezime konsèp disiplin kretyen an lè li di :

Men dènye bout sekirite nou pa chita nan yon bann règ yo, men nan yon renmen fèm. Jezi te di : « si nou renmen m n ap fè tout sa mwen di nou fè ». Li di toujou : « si yon moun renmen l, lap obeyi pawòl mwen ». Lè Kris bay Pyè verite sa a, li mande l : « ki moun ki ka sonde lespri li » : « Simon, pitit Jan, eske w renmen mwen ? ».

Apre, li kontinye deklare avèk pitye ak fòs renmen pou Kris, ou kapab jwenn fòs sa a ki itilite legliz la (asanble jeneral 1952).

Yon avetisman ki soti nan listwa

Devlopman règ yo, lwa yo ak yon seri de lwa nan vi kreyèn nan vini yon bagay espesyal nan anpil legliz e nan denominasyon yo nan lane 1930—1950 yo. evenman sa yo te vin fè kretyen aproche plis bo kote lalwa nan anpil legliz evangelik

Premye jenerasyon an te fòme legliz pa yon eksperyans pèsonèl ki fon. Renmen ki bon nèt la a te deklare nan lajwa, devouman, kominyon frè, ak lavi kretyen. Yo te deziye deklasyon santiman sa yo pa « fè laglwa desann isit la sou la tè ». Menm jwa sa a, menm ak menm renmen ki bon nèt la, men sa pep Bondye a ap chache jodi a.

Dezyem jenerasyon an (lane 1930 yo) te pè lè fondatè yo te koumanse mouri. Difikilte lane 1920 (lane tèt chaje yo) gwo kriz lajan ak lagè yo te fè fèt santiman ak krent glwa sa a te pral talè disparet. Legliz yo ranpli defisi ak fidelite, obeyisans estrik règ legliz, ak demonstrasyon twòp emosyonnèl. Fòm relijiyon sa a popilè e domine pandan tout lane yo.

Nan moman enpòtan istwa nou sa, yon gran sèvitè Bondye, Sirintandan jeneral Roy Williams di nan asanble jeneral 1940 lan, tankou yon avètisman kont legalis la :

Legalis la se enmi pou pa kwè a. Legalis la bay plis enpòtans ak lwa yo pase moun vivan. Li mete fòs sou lèt lalwa. Nan lòt tem, se lalwa san renmen. Okenn legliz pa ka viv san l pa obseve la lwa renmen an, nan eksperyans ak pratik. Legliz Nazareyen viv sou gras la ak li soutnin avèk la lwa. Legalis la ap voye nou lwen gras la epi l ap fè repoze tout ministè a ak etik li sou la lwa a san mizerikòd ni renmen. Se danje sa a legliz dwe evite.

Twazyem jenerasyon an te rele pou l renmen legliz nan lè jou a nan mouvman li bak senp lespri a, ak direksyon Sentespri a nan lavi chak jou an. Nou dwe aprann genyen inite nan esansyèl la ak libete nan sa ki pa esansyèl.

CHAPIT 6

POU OU SE MANM LEGLIZ NOU AN

Men la priyè yon pastè ki fè anpil gwo bagay, Apòt Pòl :

> *Se pou rezon sa a, ki fè mwen met ajenou devan Papa Senyè nou Jezikris, devan sila ki bay tout fanmi ki nan syèl la ak sou tè a non yo. Mwen priye dekwa, dapre riches glwa li, pou li ka ban nou favè pou li fòtifiye nou avèk pisans, grasa Lespri li, nan fon kè nou, epi favè pou Kris abite nan kè nou grasa lafwa. Mwen priye pou li ban nou rasin ak fondasyon nan lamou, dekwa pou nou kapab byen konprann, ansanm ak tout sen yo, ni lajè, ni longè, ni pwofondè, ni wotè lamou Kris, epi, dekwa pou nou kapab konnen lamou Kris, yon lamou ki depase tout konesans. Konsa, nou va total, jis nou rive tout jan Bondye total la.* (Efe 3.14-19)

Se tout bon la priye pastè ou a : « Wi, mwen mande pou nou rive konnen kalite renmen Kris la pou nou, atout pèsonn p ap janm ka rive konnen l nèt. Konsa, n a vin plen nèt ak tou sa ki nan Bondye » (Efe 3.19, Bib La).

Se pou Bondye plen ou ak renmen lè ou ap aprann gen menm lide tankou l. Li di nou : « Lide pa m pa menm ak lide pa nou. Chemen pa nou pa menm ak chemen pa m ». (Eza. 55.8). Men li voye Jezikris vin viv nan mitan nou. « Alòske, nou menm, nou genyen lide Kris la ». (1 Ko 2.16)

« Mwen priye dekwa, dapre richès glwa li, pou li ka ban nou favè pou li fòtifye nou avèk pisans, grasa Lespri li, nan fon kè nou » (Efe 3.16). Jezi pwomèt « Lè Lespri Sen an va vini sou nou, nou va resevwa pisans » (Tra 1.8).

N ap mande Bondye tou pou li louvri je ou sou renmen ki bon nèt la pandan w ap aprann fè travay Bondye a. Nou rantre nan plan Bondye. Jezi di : « nou va temwen pou mwen » (Tra 1.8). renmen Bondye a nan nou lè nou konprann li « fè nou tounen yon wayòm epi sakrifikatè pou Bondye, pou Papa l la » (Rev 1.6).

Yon legliz plen ak opòtinite

Lè ou vin manm legliz sa a, ou ta renmen ak tout kè ou wè fanmi kwayan sa yo ofri ou mwayen pou dekouvri riches renmen Bondye a nan la vi w. Men 4 gran mwayen nan mitan fanmi Bondye a :

1. Mwayen pou grandi tankou kretyen

Legliz la « pou fòme sen yo pou travay ministè a ak edifikasyon kò Kris la. E, sa jis nou tout, nou rive nan inyon lafwa ak konesans Pitit Bondye a, pou jis nou rive moun ki total, pou jis nou rive nan mezi devlòpman, menm jan ak kris la » (Efe 4.12-13). Toutotan w ap grandi nan Jezi ou dwe kenbe nan lespri ou bagay sa yo :

Yon moman trankil pou nou fè sèvis pèsonèl ak Bondye. Pi bon kote moun ka grandi san manti se nan moman sèvis pèsonèl yo. Li posib pou ou gentan gen yon moman chak jou pou ou medite avèk Bondye. Men si ou vle koumanse mete ou « apa pou fè sèvis pèsonèl » n ap ankouraje w pou li nan bout chapit sa a, sa nou rele « kouman pou n grandi nan fè sèvis pèsonel ak Bondye »

Nou kwè nan sèvis piblik. Nou kwè nan sèvis piblik yo : mizik la, predikasyon pawòl la avèk rankont yo. Jou Senyè a esansyèl pou devlopman chak kretyen. « Chak jou, yo t ap pèsevere ak tèt ansanm nan lakou tanp lan ; yo t ap kase pen, kay apre kay ; yo t ap manje ansanm ak kontantman, san pretansyon nan kè yo. Yo t ap fè lwanj Bondye. Epi tout pèp la te apresye yo » (Tra 2.46-47).

Divès mwayen pou edikasyon kretyen. Dapre premye legliz la : « Yo t ap pèsevere nan ansèyman apot yo, nan kominyon fratènèl, nan kase pan, ak nan lapriyè » (Tra 2.42). Genyen plizye fason pou patisipe nan ledikasyon Kris la. Nou ba ou lekòl nou an ki fèt chak dimanch lan, reyinyon yo tou ki fèt nan mitan semenn yo se reyinyon la fanmi legliz la. Nou di w byen vini.

Divès mwayen pou yon vi pozitif. « Lè m ta pami nou, ni lafwa nou ni lafwa mwen, youn avèk lòt ta jwenn ankourajman ansanm » (Wom 1.12). Nan yon mond ki ranpli avèk anpil vye bagay, nou vle bay yon vi ki chita sou renmen Bondye. Plis nou patisipe nan yon gwoup, se plis n ap sanble ave l. N ap lapriye pou nou vini moun sa yo ki gen bon jan prensip kondwit ak bon atitid pandan youn ap soutni lòt ansanm.

2. Mwayen pou bay sèvis tankou kretyen

Youn nan gwo vèse Nouvo Testaman ki pale sou legliz se : « Se li menm tou, ki bay apot, avèk pwofèt, avèk evanjelis, avèk pastè ak anseyan, pou fòme sen yo pou travay ministè a ak edifikasyon kò Kris la » (Efe 4.11-12). Nou gen konviksyon fèm ke Bondye rele nou pou sevi l.

Chak moun se yon sevitè. Pastè a ap sèvi sou chè a. Lòt yo fè sèvis pa yo nan aprann moun Pawòl Bondye nan lekòl chak dimanch, nan ouvri kay pou zanmi yo ak vwazinaj yo, nan aprann renmen Bondye a ak pwòp pitit yo, nan patisipe nan vizite malad yo ak prizonyè yo, nan bay manje ak moun ki grangou oubyen nan kontribye lajan pou koz misyon yo nan lemond. Lis la long tankou lespri nou pèmet li. Mwayen yo anpil menm jan ak bezwen lòm yo. Yon Minis se yon moun ki gen kapasite pou reponn ak yon bezwen nan lanmou Bondye.

Yo rele ou pou sèvi. Bondye te ka chwazi fè avanse wayòm li san nou. Bondye te ka chwazi kèk moun nan moun sove yo pou fè sèvis li yo. Men nan gran sajès ak renmen li, Bondye bay tout moun yon okazyon pou sèvi l. Si nou fèt nan Bondye nou fèt pou nou sèvi li.

Ou kreye pou sèvis la. Bib la aprann nou : « E, chak moun resevwa don Lespri a manifeste, pou byen tout moun » (1 Ko 12.7). Bondye bay nan gras yo, talan ak don yo ak chak grenn moun. Epi plis nou dwe byen travay, nan fòmasyon, nan devlopman disiplin nan, nan aprann pran angajman pou sèvi lòt yo nan Non Kris la. Nou konnen : « Sila ki te fè nou tounen yon wayòm epi sakrifikatè pou Bondye » (Rev 1.6)

Yo rele w pou sèvi. Jezi koumanse ak lòd sa pou voye yo lè li di : « Menm jan Papa a te voye m nan, se konsa mwen menm, mwen voye nou » (Jan 20.21). Legliz sa a kwè nan delivrans moun yo pou sèvis la. Nou vle pou ou jwenn satisfaksyon nan sèvis ou pou Kris epi pou pèp li a. Nou vle kenbe ministè w la pou kòz Wayòm Bondye a.

Si ou bezwen konkou pou ou ka wè sa ou ka fè pou Bondye n ap mande ou pou li atik ki rele : « Koman pou ou konnen ministè w la » nan bout chapit sa a. Lè w ap li 5 sije yo ki prezante nan lespri lapriyè, Bondye pral fè w konnen kote ou pral sèvi li. Bondye ba ou okazyon pou sèvi li.

3. Mwayen pou w bay kòm kretyen

Bib la di : « Nou rich nan tout bagay, nan lafwa, nan pale, nan konesans, nan tout kalite dilijans, nan lamou nou pou mwen menm ak lòt yo. Ebyen, menm jan an tou, n a fè dekwa pou nou rich annegad zèv sa a tou » (2 Ko 8.7). Legliz nou an vle bay anpil okazyon pou kontribye ak lajan nan travay Wayòm Bondye, isit epi mond lan.

Don chak dimanch. Nou vle bay manm nou yo mwayen pou yo bay chak dimanch pou travay Wayòm Bondye a, nou kwè : « Chak premye jou nan semèn nan, selon mwayen nou, se pou nou chak mete yon bagay apa, epi sere li. Konsa, se pa lè m vini, pou lakolèt la ap fèt » (1 Ko 16.2). Nou se yon legliz ki bay ladim.

Don pou misyon mond. Nou konsidere anpil angajman nou pou misyon nou yo nan mond lan. Nou kwè ke sa ban nou okazyon pou nou louvri vizyon nou, pataje bezwen lòt yo e konsidere don an tankou yon sakrifis. « Yo chawzi pou yo bay sa yo kapab, epi, menm plis pase sa yo te kapab » (2 Ko 8.3). Chak lane nou gen anpil opotinite pou nou bay pou kòz misyon yo nan mond la, nan Legliz Nazareyen an.

Don espesyal la. Nou genyen tou okazyon espesyal pou nou bay pwojè espesyal yo. Ou ka santi dezi pou ou fè sa tanzantan. « li fè mete tout sa yo te pran sou rekòt yo, tout ladim yo ak tout bagay yo te mete apa pou Bondye yo ladan yo » (2 Kwo 31.12). Ou ka jwenn legliz la gen yon bezwen kote moun ta vle kontribye. Ka genyen vizyon yon ministe yo ka vle devlope epi yo fè l gras ak yon kontribisyon lajan.

4. Mwayen pou pataje lafwa ou kòm kretyen

Anpil nan moun k ap chèche nanm pou Bondye yo renmen vèse Bib sa yo ki di : « Andre, frè Simon Pyè a, te youn nan de disip ki te tande pawòl Jan an epi ki te suiv Jezi. Se li menm en premye ki jwenn pròp frè li a, Simon, epi ki di li : Nou jwenn Mesi a ! » (Jan 1.40-41). Youn nan pi gran okazyon yo ke nou genyen kom kretyen se pataje konfyans nou an avèk lòt yo. Si nou te kab ankouraje yo fè sa. Gen plizye prensip pou pataje konfyans ou a :

- Nou gen mwayen epi nou reskonsab pou pataje konfyans nou nan Kris ak lòt yo.

- Fason nou pataje Kris, tankou legliz (pa predikasyon, kantik e lòt aktivite yo) se baz mannyè nou pou nou pataje Kris la lè nou sèl, lakay nou epi nan katye nou.

- Sonje gen pifò moun ki tande pale de Jezikris pou premye fwa lòt kote san se pa nan legliz.

- Nou pataje lanmou Kris la ak konfyans nou nan li, lè n ap satisfe bezwen moun yo nan tout li menm, tankou manm fanmi yo.

- Genyen ki espesyalman kapab pataje konfyans yo pou kont yo. Men nou tout gen apel pou pale ak lòt yo sou Jezi.

- Nouvo moun ki kwè yo ak nouvo manm legliz yo se souvan moun sa yo ki gen plis mwayen pou pataje konfyans yo. Chak moun dwe devlope yon bon metòd ki efikas pou pataje konfyans yo.

Nou genyen tankou yon dezi ki fòn pou n se yon legliz tankou nou wè li nan Nouvo Testaman, kote l di : « Toudabò, mwen rann Bondye m nan gras pou nou tout, nan non Jezikris, paske, lemonn antyre ap pale de lafwanou » (Wòm 1.8). Nou deklare konfyans nou nan Kris lè :

- Nou envite fanmi nou yo ak zanmi nou yo vini legliz avèk nou.

- Nou pote bagay pou manje lè nou al kay vwazen an oubyen nou tande yon moun ap viv sèl.

- Nou ede yon zanmi fè travay li, repare lakay li yon jou lib.

- Nou lapriye avèk yon moun k ap travese moman difisil ou ki malad.

- Nou ede lòt yo pou pran Jezi e mete konfyans yo nan li.

- Nou temwaye ak lòt yo sa Jezi fè pou nou.

Lis sa a pa konple, Bondye bay anpil lòt mwayen pou pataje konfyans nou ak lòt yo. Se sa ki fè tou gwo lajwa yon kretyen.

Yon legliz responsablite

Kòm manm Legliz Nazareyen, genyen 4 domen responsablite li prezante w. N ap lapriye pou yo kapab fè konfyans ou djanm ak ede ou nan lavi kretyen ou. Priyè nou se pou mete ansanm ak non li n ap leve non Kris la pi wo epitou lè li ap rele lòt yo vin jwenn li.

Yon angajman k ap fè w grandi. Nou mande manm nou yo pou angaje yo nan yon konesans pèsonèl lè yo vini nan sèvis adorasyon yo, nan patisipe nan fòmasyon kretyen yo a nan devlope yon lavi pozitif nan Jezikris.

Angajman nan ministe a. Nou mande chak grenn manm nou yo pou jwenn yon plas nan ministè ak sèvis legliz la. Li kapab yon ministè moun ka wè, tankou : jwe mizik, apran moun, fè vizit ou byen yon ministe moun pa ka wè tankou envite moun vin tande Pawòl Bondye, gen pitye pou lòt yo, ekri pou yo ti pawòl apresiyasyon, ankouraje lòt yo. Se pou n ouvri lavi nou pou Bondye itilize w kote ou ye.

Yon angajman pou bay bonjan ofrann. Nou mande manm nou yo toujou kontribye nan travay legliz la. Se sou don manm yo ak zanmi legliz la nou depann. Se sak fè chak fwa yon moun di : « Nou se legliz », sa vle di nou tout konsenen.

Yon angagman pou patage lafwa ou. Nou mande manm nou yo pou pataje konfyans yo, espwa a ak esperans e lamou Kris la avèk lòt yo. Genyen plizye fason pou w fè li. Meyè bagay la se pasyon ak lajwa ou manifeste. Ann ankouraje chak grenn moun envite yon zanmi legliz la.

Responsablite sa yo enpotan anpil. Nou fè yo nou tout ansasnm nan ankourajman youn ak lòt, renmen ak pisans Kris la ki pale : « Jouk pa m nan dous, e, fado pa m nan legè » (Mat 11.30). Avèk Jezi fado a vini yon benediksyon e rout la se yon jwa.

Mache nan Legliz Nazareyen an

Ou pare pou ou vini manm Legliz Nazareyen an ! Nou ap premye kap resevwa w. Nou renmen w. Mwayen pou w antre kòm manm lan senp :

- Swiv entriksyon yo epi ranpli fòmilè yo ki la nan legliz lokal ou a.

- Li posib pou ou enterese nan yon domen ministe egzat, di sa a pastè ou la oubyen ak youn nan responsab legliz la. Si ou genyen kesyon tou sou klas lekòl le dimanch oubyen lòt ministe yo, fè konnen sa.

- Si yo dwe resevwa w pou tout moun wè, n ap ankouraje n envite zanmi w yo ak paran w yo nan sèvis espesyal sa a.

Ou genyen san dout lòt kesyon ! L ap difisil pou w jwenn repons yo nan yon ti ouvraj konsa. Men kèk nan kesyon yo ki pi komen pou w vin manm legliz la.

- *Eske timoun mwen yo, kapab vin manm tou ansanm avè m* ? Nan Legliz Nazareyen pa gen limit nan laj pou w vin manm. Si timoun ou yo konveti nan Kris e vle vin manm, yo kapab fè sa menm lè avè w. Gen anpil fanmi nan legliz la ki fè l ansanm, men tou timoun yo ka fèl san ou.

- *Kouman kesyon batem nan ye ?* Nan legliz nou an, batèm la ak vin manm nan se de bagay ki pa menm. Si w resevwa batèm e ou satisfe li sifi. Si ou pat gentan resevwa batèm nan, w ap jwen plizye okazyon pou w fè l. Ou envite pou w vin patisipe.

- *Kouman kesyon transfè a ye ?* Si ou vle transfe nan yon lòt Legliz Nazareyen oubyen nan yon lòt legliz ki pa nazareyen, w ap sèlman pale sa ak pastè a. L ap ekri yon lèt pou l mande transfè ou a.

Yon mo pèsonèl

Kisa manm legliz vle di ? Lè ou vin manm legliz sa a pa chanje pozisyon ou devan Bondye men li edifye nou sou angajman nou youn ak lòt. Men vin manm legliz vle di : « M ap sevi Senyè ak Sovè mwen Jezikris nan fanmi lokal sa ».

Nou kwè Bondye sere anpil bèl bagay nan legliz. « Kounye a, glwa pou sila ki kapab fè tout bagay, depase mezi, dapre pisans k ap travay nan nou an, sila ki kapab fè tout bagay nou mande oubyen panse, wi, glwa pou li nan legliz, nan Jezikris, pou tout jenerasyon, pou letan e pou letènite. Amen ! » (Efe 3.20-21).

Kouman pou devlope moman sèvis pèsonèl la

(Adpate de liv pa Robert B. Foster)

Nan 1882, sou lakou University of Cambridge, mond lan te viv pawòl sa : « Sonje kenz ti premye minit nan maten an lè ou fèk leve ».

Etidyan tankou Hooper ak Thornton te wè ki jan jounen yo te plen ak etid, konferans, jwet, dikisyon ant gason ak gason. Devouman ak aktivite se sa ki te premye pou yo. Gwoup moun devwe sa yo vin wè rapid defo ki genyen nan la vi espirityèl yo, fay ki tap lakoz yon gran dega si yo pat rezoud li byen vit.

Yo cheche yon repons yo jwenn yon lide, yo rele ti kenz minit nan maten an. Se yon sistem ki chita nan pase premye minit nan jounen avèk Bondye nan lapriye ak nan li Bib.

Ti kenz premye minit nan jounen an pèmet ou bouche tou vid sa a. Li gen ladan l laverite, souvan moun pa wè kòz presyon aktivite repete yo, li bezwen yon lòt dekouvèt chak jou. Pou w konnen Bondye fòk ou pase ti tan avèk li chak jou.

Lide a simaye : « yon peryod ki te plen ak benediksyon espirityèl ». Peryod sa a te monte e te ale jisko somè avèk depa « Bande des Sept de Cambridge ». Se te yon gwoup atlèt ki te gen non, ki te gen moun rich tou e ki te genyen yon gwo nivo edikasyon, pou sèvis misyonè. Yo kite tout bagay pou yo ale an Chin pou Kris.

Men moun sa yo vin wè leve bonè nan kaban pou pase kenz premye minit yo nan maten an te difisil. Thornton te deside mete disiplin nan domi li.li te envante yon remèd pou anpeche li domi e pou remoute fòs. Se te yon bagay li te mete bò kabann li an « Bri revèy la te fè deplase lign pèch la, e li te retire dra a ki te kwoke nan lign pèch la sou domè a ».

Thornton te vle leve pou rankontre Bondye.

Ti moman pèsonèl lakominyon avèk Kris la dwe rekreye pandan ti tan meditasyon chak maten. Nou ka rele l jan nou vle — moman silans pèsonèl, moman kalkil, sèvis pèsonèl yo, ti kenz premye minit nan maten an, oubyen adorasyon endividi a. Minit apa sa yo koumanse jounen an revele sekrè ki anndan Krisyanism lan. Se fil dore ki mare chak grenn moun Bondye a ansanm nan, Moyiz ak Davis Livingstone, Pwofèt Amos la ak Billy Graham, rich la ak pòv la, nonm afè yo ak militè a. Bondye te itilize ak pisans tout moun sa yo ki te bay premye plas a ti moman pase apa avèk Bondye.

David di nan Sòm 57.8 : « Bondye, mwen pare, wi mwen pare ». Yon kè ki pare ak ki dispoze, bay plas ak yon lavi ki estab. Pa gen anpil moun nan kominote kretyen an ki gen kalite kè sa ak kalite vi sa a. May ki manke nan chenn nan se yon sistèm reyalis kote nap kab koumanse epi toujou kenbe yon tan pou meditasyon pèsonèl nou.

Mwen ta konseye, pou byen koumanse nan ti tan pou sèvis pèsonèl la se pou ou koumanse avèk 7 minit, ou ka rele l 7 minit lò. Senk minit ka twò kout, konsa tou dis ka twò long pou koumanse.

Ou vle pran 7 minit chak maten. Se pa 5 fwa pa senmenn osinon sis fwa, men 7 fwa pa senmenn ! Mande Bondye pou l ede w : « Senyè se ou m ta vle rankontre pandan premye lè jounen an pou pi piti 7 minit. Demen le revèy pral sonnen a 6^h 15, mwen gen randevou avèk ou ».

La priye a kapab : « Chak maten ou tande vwa m. Kou solèy leve, mwen mete lapriyè m devan ou » (Sòm 5.4).

Kouman pou pase 7 minit sa yo. Lè ou fin leve, chache yon kote trankil kote ou kapab li Bib ou, pase 7 minit sa yo avèk Bondye.

Mete apa premye minit yo pou prepare kè ou. Fòk ou remèsye Bondye pou bon somèy ak anpil opòtinite li sere pou ou nan nouvel jounen sa. « Senyè pirifye kè mwen pou ou kapab pale avè m nan Bib la. Louvri kè mwen, ranpli li, rann lespri m veyatif, nanm mwen vivan, kè atantif. Senyè viwonnen mwen avèk prezans ou pandan moman sa yo. Amen ».

Kounye a pran 4 minit pou li Bib la. Ou bezwen tande yon pawòl ki soti nan Bondye. Kite Pawòl Bondye limen dife kè ou. Se pou rankontre avèk mèt pawòl la.

Li bon pou ou ta koumanse avèk youn nan levanjil yo. Nou konseye w bon nouvèl Mak ekri a. Li li nan lòd vèse apre vèse, chapit apre chapit. Fòk ou pa prese, veye pou ou pa rete nan fè etid mo yo, oubyen rete sou yon pwoblèm teologik ki mande eksplikasyon nan Bib la. Pa li paske ou dezire li men li avèk plezi e bay Bondye okazyon pou pale. Petèt sèlman 20 vèse oubyen yon chapit nèt. Lè ou fini avèk Mak, koumanse avèk bon nouvel Jan te ekri a. Talè w ap vle avanse pou li tout Nouvo Testaman an.

Lè Bondye ap fin pale avè w nan liv la pale avè l tou nan lapriyè. Kite de minit pou kominyon avè l nan lapriyè.

Detaye 7 minit sa yo :

1 minit : Lapriyè pou Bondye dirije ou. (Sòm 143.8)

+ 4 minit : Se pou li Bib ou. (Sòm 119.18)

+ 2 minit : Fè priyè ou

_____

= 7 mn lò !

Se pou Bondye fè rich relasyon ou avè l pandan ou mete apa pou li komansman chak jounen an.

Kouman pou dekouvri ministe ou

Fòk ou gentan, matirite ak konsey saj yo, bon konprann sou direksyon Bondye pou ou jwenn yon ministè ki satisfe tèt pa ou, ki pral sèvi Wayòm Bondye a e ki beni pa Sentespri Bondye a. Etid sa ap ede ou nan rechèch sa.

Ranpli kesyon e sa avèk tout presizyon ou ka bay e toujou gade ladan l. Se pou Bondye gide ou e se pou l ba ou konfyans. Ou se yon minis ! Bondye gen yon ministè pou ou.

1. Sonde esperyans ou yo : Fè lis ministe ak domen sèvis yo ou te eseye yo epi, w ap mete rezilta yo : (3 byen ; 2 byen ti kras ; 1 fèb ; 0 miyo si ou pa pale

_____ (3 2 1 0)
_____ (3 2 1 0)
_____ (3 2 1 0)
_____ (3 2 1 0)
_____ (3 2 1 0)
_____ (3 2 1 0)

2. Defini lide ou. Sonde dezi kè ou yo. Kisa ou ta renmen fè nan ministè ak sèvis lòt yo. Panse : si ou kapab fè yon bagay pou Bondye pandan ou asire ou pap fè fyasko ladann. Kisa ou tap fè ?

_____ (3 2 1 0)
_____ (3 2 1 0)
_____ (3 2 1 0)
_____ (3 2 1 0)
_____ (3 2 1 0)
_____ (3 2 1 0)

3. Sonde bezwen yo. Mete apa lide pa ou yo e konsidere bezwen antouraj ou yo. Kisa, dapre ou menm, ou wè ki dwe fèt prese prese. Bezwen ou wè yo konn souvan limaj don Bondye fè ou yo ak ministè kote li rele w.

_____ (3 2 1 0)
_____ (3 2 1 0)
_____ (3 2 1 0)
_____ (3 2 1 0)
_____ (3 2 1 0)
_____ (3 2 1 0)

4. Chache opotinite yo. Lè Bondye pèmet yon rèv, li louvri yon pòt. Okazyon sèvis ki antoure ou yo, kote yo ? Fè yon lis posibilite.

_____ (3 2 1 0)
_____ (3 2 1 0)
_____ (3 2 1 0)
_____ (3 2 1 0)
_____ (3 2 1 0)
_____ (3 2 1 0)

5. *Rete tan n konfimasyon.* Sentespri a konfime ministè a. Li fè li nan lespri pa ou menm pandan moman lapriyè yo, adorasyon yo oubyen meditasyon yo (etid la Bib). Li konfime nou yo tou nan legliz la (fanmi Bondye a) lè manm yo ap fè nou konpliman ap konseye nou e aprouve nou. Nou rele yo : konfimasyon « deyò » ak « anndan ». Ekri konfimasyon Lespri a.

Dat : nòt (ekri « d » - deyò ; « a » - anndan)

____ _____
____ _____
____ _____
____ _____
____ _____

La priye pou Bondye gide ou

Senyè, mwen kwè tout bon vre w ap kondwi mwen, Se poutèt sa m ap kontinye fè wout nan ministe ou rele m nan, Pandan m ap chache kite pawòl ou gide mwen, Pandan m ap chache asirans nan lapriye ak konsey yo bò kote pastè a osinon lòt responsab espirityèl yo. Mwen chonje : Se pou ou mwen ye nèt ale !

Se Ou kite rele m !

Mwen se yon minis e Senyè ministe sa se ministe pa ou. Se pou li se pou laglwa Jezi ak matirite legliz ou a. Amen.

CHAPIT 7

BYENVINI NAN LEGLIZ NAZAREYEN AN

Byenvini nan Legliz Nazareyen an ! Nou gen sètitid ke li se yon legliz mèveye. Gen moun ki mezire valè sou aktivite yo. Gen lòt ki panse yon legliz gran lè l anpil. Gen lòt ankò ki pran grandè sa a tankou kwasans, ou byen ofrann yo, ou byen li genyen lespri misyonè ou byen li chita sou bezwen lòt yo, ou byen li sibi yon bon mach. Tout bagay sa yo enpòtan anpil. Men nou jwenn yon legliz ki gran, genyen ladan l moun ki gen kalite, lòt fason nou te ka di : moun ki ranpli ak lanmou e ak glwa Bondye.

Yon gwo objektif

Tout efò bezwen yon plan. Legliz Nazareyen an tou gen yon plan prensipal. Deklarasyon sa te fèt plizye fason, men li pat fèt klè tankou youn nan fondatè li yo : Phineas F. Bresee te fè l la. Nan editoryal ki figire nan youn nan premye nimero : *Mesaje Nazareyen an*, li te ekri : 18 Out 1904 : « Legliz Nazareyen an vire fas li bò kote zetwal onò lanmou pafè a e li pap gen pou tounen ni a dwat ni a goch. Kesyon segondè yo pa fè pati ni plan li a ni anseyman li a ».

Lanmou Bondye ki bon nèt la a se baz predikasyon nou ak ansèyeman nou. Men, li plis enpòtan anpil pou genyen lanmou ki bon nèt la Bondye sa a kòm baz nan kè w, nan atitid ou, ak nan kay ou. Jezi dekri, pisans lanmou ki bon nèt la nan mo sa yo : « Menm jan Papa mwen renmen m nan, se konsa mwen renmen nou tou. Rete nan lamou mwen ... Mwen kòmande nou bagay sa yo, dekwa pou nou youn ka renmen lòt » (Jan 15.9, 7).

Yon gran pwogram

Yon gran legliz, yon legiz mi, ap aprann mete sou pye yon program solid ki gen ladan l :

- Ministè evanjelizasyon
- Ministè ansèyman ak fòmasyon
- Ministè relasyon pèsonèl yo

Se vre wi kòm kò lom nan li ekilibre avèk swen nan tout fonksyon l yo, legliz (Ki se yon pati nan kò Kris la) dwe manm jan an tou ekilibre.

Evajelizasyon an se : « pòt ouvè nou yo ». Nou vle ke legliz la kapab pou tout moun. Pi plis anko, dezi nou se pou louvri kè yo nan lanmou Jezikris la.

Edikasyon mande yon : « pwogram etid konplèt ». N ap viv nan yon epòk ki gen anpil divèjans nan domènn ideyolojik poutèt sa, li esansyèl pou gen fòmasyon ki fèt pou layik yo nan legliz la sa ki ka kouvri yon gran bezwen nan tout nivo pandan yap chita solid sou Pawòl Bondye. Nou dwe ranpli lespri nou e kè nou avèk pawòl ki nan Bib la.

Ministe relasyon pèsonèl yo gen ladan l yon « sousi sou atitid e aksyon ». Nou bezwen program ki mache avèk kominote nou yo « nou enterese a bezwen ou yo ». Men, aprè tout sa nou bezwen moun ki ka reponn ak bezwen lòt yo. Nou bezwen yon atitid ki pouse nou jwenn bon jan bezwen reyèl la e pou nou satisfe l nan lanmou Bondye.

Nou kapab konsidere legliz tankou yon kò. *Ministe evanjelizasyon an* pote san nouvo nan sistem nève a. *Ministe anseyman ak fòmasyon an* prezante zo yo ki fòme strikti a e ki bay fòs la. *Ministe relasyon pèsonèl yo* fòme sistem nève a ki mete nou an kontak avèk jwa yo ak penn yo pou chak grenn moun. « Malgre yon kò gen plizè manm, li se yon sèl kò ». (1 Ko 12.12).

Yon gwo pisans

Plan ak pwogram nan yo esansyel ; men, yo pa itil san pisans lan. Nouvo Testaman pajanm dekri yon legliz majè sou pwogram li ; men, Bib la bay definisyon matirite yon legliz.

Legliz Korent lan : « Alò, kounye a, lafwa, esperans, ak lamou, se 3 bagay sa yo k ap toujou rete. Men, pami yo, se lamou ki pi gran » (1 Ko 13.13).

Leglliz Efez la : « Se poutèt sa, mwen menm tou, lè mwen tande kòman nou gen lafwa nan Senyè Jezi epi kouman nou gen lamou pou tout sen yo, mwen pa sispann rann gras pou nou. Wi, mwen nonmen non nou nan priyè mwen … nou va konnen ki esperans ki genyen nan rele li te rele nou an, epi ki richès ki genyen nan glwa eritaj li, pami sen yo » (Efe 1.15-16, 18).

Legliz Kolòs la : « Se tout tan, lè n ap lapriyè, n ap rann Bondye gras pou nou, li menm ki Papa Senyè nou an Jezikris. Vrèmanvre, nou tande kòman nou menm nan Kolòs, nou gen lafwa nan Jezikris epi lamou pou tout sen yo. E, sa se akòz esperans Bondye sere pou nou nan syèl la » (Kol 1.3-5).

Legliz Tesalonik la : « Se tout tan n ap rann Bondye gras pou nou tout. Wi, nou nonmen non nou nan priyè nou. Se san rete, n ap sonje devan Bondye Papa nou, jan nou menm Tesalonisyen, lafwa nou travay, jan lamou nou trimen, jan esperans nou nan Senyè Jezikris rete fèm » (1 Te 1.2-3).

Yon legliz majè fèt avèk : konfyans la, espwa ak lanmou. Se kalite yon legliz ki genyen pisans, avèk sa li pral kapab rive nan plan an ki bati sou pwogram ekilibre a.

Konfyans nan mitan legliz lokal la li se konfyans nan Jezikris ki se vre gid la. Nou gen setitid li rele nou pou yon travay mèveye. Nou gen konfyans l ap gide nou nan travay li konfye nou an. Nou gen konfyans tou, nou vle obeyi li ak fè tout sa li mande pou nou fè.

Esperans se yon liy pozitif ki pase nan bon konprann. Nou jwenn nan Pawòl Bondye a travay Bondye ak volonte Bondye. Lesperans ap devlope toutotan n ap devlope lespri nou e kè nou ak pawòl vivan e ekri Bondye a. Lesperans vin majè lè n ap fè fas ak difikilte lavi a avèk estabilite e pèseverans. Lanmou nan legliz lokal la montre zanmitay ki genyen nan mitan manm yo. Zanmitay ki soti tou nan prezans Bondye ki nan yo. Yo ka kwè sa nan fason n ap konpote nou youn ak lòt.

Yon gran pèp

Ou se yon bon moun e nou kontan anpil paske ou se manm Legliz Nazareyen. Legliz Nazareyen gen yon misyon ki chita sou lanmou. Nou rasanble moun yo ki dekouraje, moun yo ki brize e nou prezante yo mesaj kwa Kris la, nan Bondye ki renmen lezom e ki kapab fè pou yo sa yo pa kapab fè avèk fòs pa yo menm.

Legliz Nazareyen fè moun vin gen matirite nan esperans, moun sa yo gen pou kredo otorite Kris la, ki se baz lavi yo. Batay yo, eprev e tantasyon yo fè yo vini sèvant ak sèvite Bondye. Rezolisyon an ak pèseverans se garanti lè nou konsidere retou Jezi a.

Legliz Nazareyen prale devan avèk konfyans la. Avèk vizyon an ak posiblite nan pisans Bondye. Moun yo fè yon sèl ak Senyè Jezikris a pou yo fè travay Senyè a e sèvi avèk menm pisans lavi ki te pouse Kris soti nan tanbo a Dimanch Pak la.

Pwiske ou mache nan legliz la, nou vle pataje avèk ou yon gran rekòmandasyon. Ann pwoche bò kot Bondye ak tout kè nou, ak yon konsyans byen chita san nou pa gen anyen nan ke nou ki pou boulvese konsyans nou, ko nou menm byen netwaye nan yon dlo byen pwòp. Ann kenbe espwa nou genyen an byen. Paske, nou met sèten Bondye ap kenbe pwomes li. Se pou nou youn veye sou lòt pou youn ka ede lòt gen renmen nan kè li. Pou you ka ankouraje lòt nan fè sa ki byen. Pa pran egzanp sou moun ki pran abitid pa vin nan reyinyon nou yo, okontre, se pou youn ankouraje lòt fè sa kounye a pi plis pase avan, paske nou wè jou Senyè ap pwoche.

Byenvini nan Legliz Nazareyen. Legliz nou an kapab vin fanmi ou !

Premye koze..3

Chapit 1 :
Prezantasyon Legliz Nazareyen........................5

Chapit 2 :
Kote nou soti istaw Legliz Nazareyen............ 12

Chapit 3:
Baz kqayans legliz la 26

Chapit 4:
Fason nou òganize nou..................... 48

Chapit 5 :
Lavi nap mennen nan Kris la 76

Chapit 6 :
Pou ou se manm legliz nou an 92

Chapit 7 :
Byenvini nan Legliz Nazareyen an 108

www.ingramcontent.com/pod-product-compliance
Lightning Source LLC
Chambersburg PA
CBHW031405040426
42444CB00005B/430